प्रतिनिधि कविताएँ

रामदरश मिश्र

सम्पादक

ओम निश्चल

राजकमल पेपरबैक्स

राजकमल पेपरबैक्स में
पहला संस्करण : 2022
दूसरा संस्करण : 2025

राजकमल पेपरबैक्स : उत्कृष्ट साहित्य के जनसुलभ संस्करण

राजकमल प्रकाशन प्रा.लि.
1-बी, नेताजी सुभाष मार्ग, दरियागंज
नई दिल्ली-110 002
द्वारा प्रकाशित

शाखाएँ : अशोक राजपथ, साइंस कॉलेज के सामने, पटना-800 006
पहली मंजिल, दरबारी बिल्डिंग, महात्मा गांधी मार्ग, प्रयागराज-211 001
1, अनमोल सोराबजी संतुक लेन, धोबी तलाव, मरीन लाइंस, मुम्बई-400 002
वेबसाइट : www.rajkamalprakashan.com
ई-मेल : info@rajkamalprakashan.com

बी.के. ऑफसेट
नवीन शाहदरा, दिल्ली-110 002
द्वारा मुद्रित

मूल्य : ₹199

PRATINIDHI KAVITAYEIN
Representative Poems of Ramdarash Mishra
Edited by Om Nishchal

ISBN : 978-93-94902-42-8

रामदरश मिश्र

रामदरश मिश्र का जन्म 15 अगस्त, 1924 को जिला गोरखपुर, उत्तर प्रदेश के डुमरी गाँव में हुआ। आपने एम.ए., पी-एच.डी. की डिग्री हासिल की। आप लम्बे समय तक अध्यापन से जुड़े रहे और दिल्ली विश्वविद्यालय से प्रोफेसर के रूप में सेवानिवृत्त हुए।

आपकी प्रकाशित रचनाएँ हैं—'पथ के गीत', 'बैरंग बेनाम चिट्ठियाँ', 'पक गई है धूप', 'कंधे पर सूरज', 'दिन एक नदी बन गया', 'जुलूस कहाँ जा रहा है', 'आग कुछ नहीं बोलती', 'बारिश में भीगते बच्चे', 'आम के पत्ते', 'कभी कभी इन दिनों', 'मैं तो यहाँ हूँ', 'रात सपने में', 'मैं तो यहाँ हूँ', 'समवेत' सहित दो दर्जन काव्य कृतियाँ; 'बाज़ार को निकले हैं लोग', 'हँसी ओठ पर आँखें नम हैं' सहित कई ग़ज़ल-संग्रह; 'पानी के प्राचीर', 'जल टूटता हुआ', 'सूखता हुआ तालाब', 'रात का सफर', 'अपने लोग', 'आकाश की छत', 'आदिम राग', 'बिना दरवाजे का मकान', 'दूसरा घर' सहित डेढ़ दर्जन उपन्यास; 'खाली घर', 'एक वह', 'बसंत का एक दिन', 'आज का दिन भी', 'एक कहानी लगातार', 'फिर कब आएँगे?', 'अकेला मकान', 'विदूषक', 'आखिरी चिट्ठी' सहित दो दर्जन कहानी-संग्रह; 'कितने बजे हैं', 'बबूल और कैक्टस', 'घर-परिवेश', 'नया चौराहा', 'लौट आया हूँ मेरे देश' (निबन्ध चयन); 'तना हुआ इंद्रधनुष', 'भोर का सपना', 'पड़ोस की खुशबू', 'घर से घर तक' (यात्रा-वृत्तांत); 'स्मृतियों के छंद', 'सर्जना ही बड़ा सत्य है' सहित कई संस्मरणात्मक कृतियाँ; सहचर है समय (आत्मकथा); 'आस-पास', 'बाहर-भीतर', 'विश्वास जिन्दा है', 'अपना कमरा' (डायरी); चौदह खंडों में रचनावली का प्रकाशन, आलोचना की ग्यारह पुस्तकें। कई चयन-संचयन।

आप 'भारत भारती', 'साहित्य अकादेमी', 'दयावती मोदी कवि शेखर पुरस्कार', 'शलाका सम्मान', 'व्यास सम्मान', 'सरस्वती सम्मान' सहित अनेक पुरस्कारों से सम्मानित हैं।

सम्पर्क : आर 38, वाणी विहार, उत्तम नगर, नई दिल्ली-110059

कवि की लम्बी ज़ीवन यात्रा
की सहचरी
श्रीमती सरस्वती मिश्र को सादर

नए संवत्सर की लय
रामदरश मिश्र की काव्य-यात्रा

यह प्रसन्नता की बात है कि के.के. बिड़ला फाउंडेशन की ओर से भारतीय भाषाओं के लेखकों को दिया जाने वाला सर्वोच्च सरस्वती सम्मान (2021) हिन्दी के अप्रतिम कवि, उपन्यासकार, कथाकार, आलोचक, गद्यकार रामदरश मिश्र को उनकी काव्य कृति 'मैं तो यहाँ हूँ' पर प्रदान किया गया। यह गए तीस वर्षों में हरिवंश राय बच्चन और गोविन्द मिश्र के बाद तीसरा सम्मान है जो उन्हें प्राप्त हुआ है। इस तरह फिर एक बार उनके काव्यावदान पर इस बड़े सम्मान से यह बात पुष्टि हुई है कि भले ही वे अपने प्रारम्भिक दौर में जल टूटता हुआ, पानी के प्राचीर, आकाश की छत, अपने लोग और दूसरा घर के सबसे ज्यादा पढ़े जाने वाले उपन्यासकारों में रहे हों, पर पुरस्कार निर्णायकों को उनका कवि-व्यक्तित्व कहीं ज्यादा अभिभूत करने वाला और हिन्दी की चिन्तन प्रक्रिया और कविता के सौन्दर्यबोध को सींचने वाला रहा है। यही वजह है कि 'दयावती मोदी सम्मान', 'व्यास सम्मान', 'साहित्य अकादेमी पुरस्कार' और अब 'सरस्वती सम्मान' यानी लगभग सारे बड़े सम्मान उनके कवि की प्रतिष्ठा में ही दिए गए हैं।

बनारस : वे दिन, वे लोग

वे गोरखपुर से उनके बनारस जाने के दिन थे...उस बनारस में जहाँ एक से एक दिग्गज साहित्यकार मौजूद थे; हजारीप्रसाद द्विवेदी, ठाकुर

प्रसाद सिंह, शंभुनाथ सिंह, शिवप्रसाद सिंह, नामवर सिंह, केदारनाथ सिंह, त्रिलोचन आदि जो कविता को नई भाषा और संवेदना से भर रहे थे। साहित्य का जीता-जागता माहौल था। इलाहाबाद की साहित्यिक गरिमा को चार चाँद लगाने के लिए निराला, महादेवी वर्मा और पंत जैसे अप्रतिम युग प्रवाह वाले कवियों का वैभव रहा है तो काशी में प्रेमचन्द और प्रसाद के बाद नई पीढ़ी अदब में अपनी जगह बना रही थी। रामदरश मिश्र के भीतर कविता, गीत और छंद के प्रति अनुराग उन्हीं दिनों पैदा हुआ।

यही वह समय था जब एक तरफ त्रिलोचन 'धरती' के गीत लिख रहे थे तो दूसरी तरफ रामदरश मिश्र 'पथ के गीत' लिखकर साहित्य का आँगन बुहार रहे थे। तब इलाहाबाद, बनारस, लखनऊ, पटना और मुजफ्फरपुर जैसे शहर साहित्य का केंद्र थे। इन्हीं शहरों में हिन्दी की गतिविधियाँ और आन्दोलन साँस लेते थे। इलाहाबाद परिमलजन्य लेखकों का अड्डा था, कविता, कथा, उपन्यास, गीत और आलोचना हर विधा के एक से एक दिग्गज विद्यमान थे तो धर्मवीर भारती के मुम्बई पहुँचने और 'धर्मयुग' का सम्पादन सँभालने के साथ ही देश में साहित्य के प्रति समाज में एक सहज आकर्षण पनपा। हिन्दी में गीत को प्रतिष्ठा 'धर्मयुग' जैसी पत्रिकाओं ने ही दी।

ऋतुओं का वैभव

उनकी कविताएँ पढ़ने-गुनगुनाने के लिए पलटता हूँ तो पाता हूँ गीत की भागीरथी जैसे हमारे बहुत पास से होकर बहती है। सभी संग्रहों में कुछ गीत अवश्य शामिल होते रहे और इस तरह कहानी, उपन्यास, आलोचना, संस्मरण, आत्मकथा के साथ गीत की गंगा भी बहती रही। कभी लिखा होगा उन्होंने—क्षितिज की धूसर डगर पर एक जीवन चल रहा है। 1946 में लिखे इस गीत में ही कहीं उनकी संवेदना भी ठिठकी हुई मिलती है। कुदरत के बीच पला-बढ़ा यह कवि कभी बादल तो कभी नदी, कभी बसंत, कभी शरद, कभी फागुन के गीत गाता हुआ मिलता है तो कभी

जीवन के यथार्थ से उपजी कविता लिखता हुआ। वह बादल बनकर मनुहार भी करता है—

मैं अषाढ़ का पहला बादल
मेरी राह न बाँधो।

फागुन, शरद, चैत और अन्य सभी ऋतुओं पर उनकी कितनी ही कविताएँ हैं। बसंत और फागुन पर ही सैकड़ों कविताएँ होंगी। फागुन की रात, फागुन की प्रात, फागुन के दिन सब उल्लास की संवेदना से भर देते हैं। फागुन और पलाश के कितने ही सलोने बिम्ब उनके गीतों में मिलते हैं। बादल बरसकर गुजर रहे हैं तो उन्हें लगता है जैसे थके हुए राही लौट रहे हों। चैत के दिन बहुत उन्मन कर देने वाले होते हैं। ऐसे उन्मन चैत पर रामदरश जी ने एक गीत लिखा है : चैत आया है, चैत आया है।

कभी 'पाँच जोड़ बाँसुरी' लिखकर गीतों की आत्मा में ठाकुर प्रसाद सिंह ने प्राण भर दिए थे। बाँसुरी-सी मीठी धुन जैसे गीतों की सुघर काया में बस गई हो। ऐसे में रामदरश मिश्र ने 1954 में एक गीत लिखा था—बार-बार बाँसुरी बजाओ न पिया। लहरों के पार से बुलाओ न पिया। कितनी मीठी बंदिश। कितना मीठा सुर। इस गीत का पहला व आखिरी अंतरा है—

गाते हो तुम कि मेरा मन है गमगमा रहा
लगता है जैसे कुछ प्राण में समा रहा
सपनों से मन को गुहराओ न पिया।

अपनी दुनिया में मैं मस्त हूँ जवान हूँ
फागुन की गेहूँ हूँ सावन की धान हूँ
विरहा की जोगिनी बनाओ न पिया।

गीतों के भाव-भरे दिन

जाने-अनजाने उनके गीतों में संगीत की राग-रागिनियों की बंदिश-सा

चुम्बकीय आकर्षण है। न माने बादरवा बरसे। ऐसी ही मीठी बंदिश है। किसी संगीतकार के साज और गायक के होंठों को छू जाए तो गीत में चार चाँद लग जाए। उनके गीतों में प्रकृति का एक-एक क्षण जीवंत हो उठता है। हवा हौले से आई और कमरे में कम्पन-सा भर गया। हवा बहने लगी तो लगा बादल का हृदय दरक गया, महुए के फूल झर गए तो लगता बसंत के जाने के दिन आ गए। धूप आँगन में उतरी तो लगा धूप के धान से आँगन भर गया। कभी धूप चिड़ियों की मानिंद लगती है किरण का तिनका चोंच में दबाए। नीम की मंजरी झरी तो जैसे लोहे के द्वार काँप उठे। एक निमिष में समय सिमट गया। भोर की किरन आँगन में ऐसे उतरी है जैसे कुलाँचे भरती कोई भटकती हुई हिरनी आ ठिठकी हो। ऐसे उन्मन दिनों को याद करते हुए रामदरश जी देखिए क्या कहते हैं—

रच रेती पर चित्र पवन से/चले गए वे दिन उन्मन से।

रामदरश जी का गाँव का घर सदैव बाढ़ और सूखे की जद में रहा है। लिहाजा उन्होंने नदियों की हाहाकारी बाढ़ भी देखी है तथा सूखती तन्वंगी नदियों की कराह और आह भी सुनी है। धीरे-धीरे नदियों पर बाँध बनते गए। नदियाँ सूखती गईं। ऐसे में उनका गाता हुआ मन भी एक आह और कराह से भर उठा। दिनोंदिन खत्म होते जल और नदियों के सूखते जाने को लेकर उनका कवि मन गा उठा—

छोड़ हमें प्यासा का प्यासा नदियाँ कहाँ चली जाती हैं?

अगर इस प्रश्न के प्रत्युत्तर में दुष्यंत कुमार याद आ जाएँ तो कोई क्या करे।

उन्होंने जीवन के सूनेपन और सूने होते पथ के गीत भी लिखे हैं—पथ सूना है तुम हो हम हैं, आओ बात करें। यह 1999 का गीत है। कवि अपनी उत्तरशती की परिधि में पहुँचते-पहुँचते कुछ-कुछ दार्शनिक होता जाता है। जीवन के दिन बीत रहे होते हैं, उम्र घट रही होती है। कैलाश वाजपेयी कहा करते थे : भविष्य घट रहा है। यह घटता हुआ भविष्य,

ये बीतते कि रीतते हुए दिन। कवि के शब्दों में जैसे उत्तर जीवन का विषाद उतर आया है—

कहते सुनते सुनते कहते दिन कट जाएँगे
हँसी हँसी से, आँसू से आँसू बँट जाएँगे
साथ सफर की घड़ियाँ कम हैं, आओ बात करें।

उदासियों के रंग उनके यहाँ हैं तो नई भोर की आहट भी उन्हें सुन पड़ती है। वे एक गीत में कहते हैं, "कविता बोली-मत उदास हो, कल फिर सुबह नई होगी।" उनका आशावाद नैराश्य के बीच भी कभी मंद नहीं पड़ता।

छंदमयी धरती का स्वप्न देखने वाला 98 वर्ष का यह कवि उम्र की 99वीं पायदान पर खड़ा है। अगले साल उसकी जन्मशती शुरू हो जाएगी। लगभग एक शती की जीवन यात्रा और शताब्दी-भर के रचनात्मक समय को अपनी छाती से लगाए जैसे उसकी धड़कनों को यह कवि बहुत पास से सुन रहा हो। उसके आगे दो-दो विश्वयुद्ध गुजरे। गई सदी के अनेक ऐतिहासिक पल गुजरे हैं। उसने आपातकाल देखा है, समय को साम्प्रदायिक होते हुए देखा है। राजनीति के कोलाहल में बौद्धिकों की घटती हैसियत देखी है वरना एक वह भी समय था जब निराला या फ़िराक़ नेहरू जैसे राजनेता से बात कर सकते थे। सभाओं में दिनकर जैसे कवियों को देखकर नेहरू पास आकर अभिवादन करते थे।

रामदरश जी के कवित्व पर बात करते हुए उनके गीतों के अवदान को कम करके नहीं आँका जा सकता। उनके समकालीनों में अज्ञेय, नागार्जुन, त्रिलोचन, शंभुनाथ सिंह, भवानीप्रसाद मिश्र, गिरिजाकुमार माथुर, नरेश मेहता, धर्मवीर भारती, यहाँ तक कि नरेश सक्सेना और कुँवर नारायण तक छंद का यह बोध कवियों को भीतर और बाहर से भरता रहा है। कविता की मुख्य धारा से छिटके कवियों—नीरज, रमानाथ अवस्थी, भारत भूषण, रमेश रंजक, उमाकांत मालवीय और छविनाथ मिश्र के गीतों ने भी जनसमुदाय को कविता से जोड़ने में एक पुल का काम किया है यह कहने में हिचक नहीं।

कविता के वरिष्ठ नागरिक

सच्चा कवि अपनी तरह के काव्य का उद्गाता होता है, किसी के अनुगमन से निर्मित राह उसकी नहीं होती। रामदरश जी ने यही किया है। वे गीतों के रास्ते कविता में आए। अरसे तक छंद उनकी कविता का साधन और साध्य बना रहा पर जब पूरे विश्व में आधुनिकतावाद की हवा चली तो साहित्यिक विधाओं के विन्यास और शैलियों में भी विविधता आई। इससे रामदरश जी का कविता संसार भी प्रभावित और प्रेरित हुआ। बनारस में बह रही आधुनिकतावाद की हवा ने उन्हें समय रहते चेता दिया था कि यदि भविष्य में काव्य रचना में टिके रहना है तो आधुनिकतावाद की प्रवृत्तियों को कविता में उतारना होगा और उस शैली में काव्य रचना करनी होगी जिस शैली में पूरे विश्व के कवि लिख रहे हैं। 1951 में 'पथ के गीत' संग्रह आने के बाद अनेक नए कवियों के सान्निध्य के कारण वे नई कविता से जुड़े और सातवें दशक में उनके दो महत्त्वपूर्ण संग्रह आए—बैरंग बेनाम चिट्ठियाँ (1962) और पक गई है धूप (1969)। इन संग्रहों से उनकी पहचान बनी। ये अपने आत्म को खोलने और उसे चीन्हने के दिन थे। कुछ बनने के दिन थे। पर सुनसान और तन्हाई तो कवि के सच्चे संगी होते हैं। 'बन्द कर लो द्वार' ऐसी ही तन्हाई की कविता है जो उन्होंने उस दौर (1955) में लिखी जब कविता की भाषा छायावादी रुख तजकर नए विन्यास में बदल रही थी—

यह घिरा सुनसान कमरा है
जहाँ मेरी रोज की टूटी, जमीं ये धड़कनें
फूलों-धुली हर साँस पर आ लेट जातीं
जहाँ कोनों में लगे जाले
थकी माँदी दरारें (बैरंग बेनाम चिट्ठियाँ/बन्द कर लो द्वार)

ऐसा नहीं कि नई कविता से जुड़ जाने पर गीत लिखना बन्द हो गया, वह लिखा जाता रहा। उत्तरवर्ती संग्रहों में उनके कुछ गीत छन-छन कर आते रहे और जी को जुड़ा जाते रहे। वे शामें उल्लास की नहीं धुमैले

रंगों वाली शामें थीं जिनमें कवि का कसैला मन खुलकर अपनी बात कहता। वे दिन और ये दिन कहकर तुलना भी करते और उन दिनों को परीक्षा के प्रश्नपत्र की तरह पाते। यह एक विरल उपमान होता। बसंत आता और जाता रहा। कविताएँ कभी बसंत में भीग उठतीं, कभी स्थितप्रज्ञ हो आत्मनिरीक्षण करतीं। उनकी खानाबदोश अनुभूतियाँ भी रह-रह कर प्रकट होती रहीं : 'भटक रहा खानाबदोश-सा / आज यहाँ कल वहाँ छोड़ जानी पहचानी हुई बस्तियाँ।' इस संग्रह में उनके कुछ बड़े प्यारे गीत भी हैं। पके धान-सी धूप, जलते हैं फूल, खिड़की से एक हवा आई, कोई दर्पण टूटा होगा, एक नीम मंजरी, यह दिन भी बीत गया, बादल घेर-घेर मत बरस आदि। 'बैरंग बेनाम चिट्ठियाँ' में निज के अनुभव का विस्तार मिलता है तो 'पक गई है धूप' में कवि निज के दुख-दर्द के घेरे को तनिक तोड़ता है। रामदरश जी ने नई कविता की राह जरूर अपनाई पर अपने बोध में उनका गँवई मन जन-जन के दुख-दर्द के ज्यादा निकट रहा—कविता केवल निज के आख्यान का माध्यम नहीं बनी। गलियाँ और सड़कें, कहाँ है समाज, सुखी लोग, दिशाएँ बन्द हैं, पूछती आवाज जैसी कविताएँ भी सामने आईं। इस संग्रह में मेरा आकाश, समय देवता, फिर वही लोग और गाड़ी जा रही है जैसी लम्बी कविताएँ भी हैं। 'फिर वही लोग' में तत्कालीन राजनीतिक समय बोलता हुआ दिखता है। कंधे पर सूरज में आजादी की पचीस साला फलश्रुति बोलती है। 'गठरी' इस रूपक को अपने भीतर समेटे हुए है।

समय साठोत्तर और रामदरश मिश्र

कविता का यह साठोत्तर समय था, जब यह कवि भी अपने समकालीनों रघुवीर सहाय, श्रीकांत वर्मा, सर्वेश्वर दयाल सक्सेना, त्रिलोचन, शमशेर और नागार्जुन की तरह आजादी के परिणामों पर आत्ममंथन कर रहा था। 'लौट आया हूँ मेरे देश' में उनका यह कहना कि 'सिर्फ कागज गोंजता हूँ और अस्वीकार करता हूँ/ और जब-जब मैं अपने से प्रश्न करता हूँ/ तब-तब लौट आता हूँ तुम्हारे पास मेरे देश।' अकविता का

दौर उनके सामने से होकर गुजरा पर वे इस आन्दोलन से जरा दूर-दूर ही रहे और अपनी कविता को अराजक होने से बचाए रहे। कविता में आयातित तल्खी के वे विरोधी थे। पर सांस्कृतिक एकता जैसी कविता दिल्ली की बेदिली को खोलकर रख देती है : 'यह दिल्ली है/ यहाँ भी रास्ता काट जाती एक बिल्ली है/ यहाँ भी पत्रा देखकर जनवादी घोषणाओं की शुरुआत होती है।' (सांस्कृतिक एकता) 'चिड़ियाघर' कविता तो विरल विडंबनाओं की ओर दृष्टिपात करने वाली कविता है जहाँ प्राणि प्रजातियाँ जैसे प्रायोजित मनोरंजन के लिए ही बनी हों। दिन एक नदी बन गया—छोटी और मझोली कविताओं का संग्रह है, छोटी किन्तु शार्प कविताएँ जिनका संप्रेषण अचूक है। उदाहरणत:—

हमेशा आकाश से झरती है एक नदी
और हमेशा ऊपर ही ऊपर कोई पी लेता है
धरती प्यासी की प्यासी रहती है
और कहने को आकाश से नदी बहती है। (नदी बहती है)
हर चौराहे पर
दुर्घटनाग्रस्त होकर तड़प रहा है एक देश
और हम
डाक्टर के बदले
पुलिस का इंतजार कर रहे हैं। (इंतजार)
डाक्टर हड़ताल पर हैं
और पुलिस ड्यूटी पर
देखिए, इस अस्पताल का क्या होता है! (अस्पताल)

जुलूस कहाँ जा रहा है—उत्तर आपातकाल संग्रह है। आठवें दशक की कविता के सौन्दर्यबोध को छूता-छेड़ता हुआ। कविता का जन्म से शुरू यह संग्रह 'हम पूरब से आए हैं' पर खत्म होता है। क्या यह पुरबिहापन केदारनाथ सिंह के पुरबिहापन से अभिन्न नहीं है जिसे उन्होंने 'सृष्टि का पहरा' में एक खूबसूरत कविता में व्यक्त किया। केदार जी और रामदरश मिश्र की पैदाइश का भूगोल और भाषायी मिजाज लगभग एक-सा है।

केदार जी गाँव-देहात के अनुभवों और विजुअल्स को बिम्बों में बदलकर कहते हैं रामदरश जी उसे अनुभव की भाषा में ढालकर कहते हैं। आठवाँ दशक चूँकि प्रतीकों का था, बच्चे, चिड़िया, तानाशाह, जुलूस, पत्थर, पेड़, फूल, हाथ, वे और नदी इत्यादि के प्रतीकों के माध्यम से अपने समय के राजनीतिक बोध को व्यक्त किया जा रहा था। यही वह दौर था जब राजेश जोशी लिख रहे थे—'एक दिन बोलेंगे पेड़' और ज्ञानेन्द्रपति कह रहे थे—'पेड़ हैं इस पृथ्वी के प्रथम नागरिक'। लीलाधर जगूड़ी कह रहे थे—'हर हरियाली के हम अन्तिम परिणाम हैं/हम जलेंगे तो धरती दूर से ही दिखाई देगी काली और उपजाऊ'। लिहाजा इस समय की रामदरश जी की कुछ कविताएँ प्रतीकों से काम लेती जान पड़ती हैं। 'चिड़िया' कविता में उसका यह सोचना कि आज जंगल में कोई आदमी आया था क्यों?; 'चिट्ठियाँ' कविता में चिट्ठियों का ऐसा मानवीकरण हो उठा है तभी तो वे जैसे जैविक इकाइयों की तरह एक-से सुख-दुख से पीड़ित हैं कि कह उठती हैं कि 'क्या हम भी लेटरबॉक्स की चिट्ठियाँ हो गए हैं?' बीच-बीच में जैसे गीतों में स्थायी की एक टेक आती है, वे बार-बार लय की ओर लौटते हैं।

घर यों तो बार-बार उनकी कविताओं में आता है। 'बारिश में भीगते बच्चे' संग्रह की घर कविता धीरे-धीरे बनते घर का एक रूपक ही है। वे अपने को घरघुसरा आदमी भी मानते हैं। फिर भी ध्यान से देखिए तो हर व्यक्ति अपने जीवन में विस्थापनों का मारा है। वे सौभाग्यशाली हैं जिनका घर नहीं छूटता, खेत-बारी नहीं छूटती, नाते-रिश्तेदार नहीं छूटते। कवि का गोरखपुर छूटा, बनारस छूटा, गुजरात से आत्मीयता बढ़ी तो गुजरात छूटा, दिल्ली आए तो यहीं के होकर रह गए। इसी बाजार का हिस्सा होकर, इसी की रूह और अस्थिमज्जा में अपनी पहचान सँजोते हुए। रह-रह कर गाँव याद आता रहा। आज भी वह गाँव कवि की स्मृति में जिन्दा है। लेकिन व्यक्ति कहीं भी हो आखिर घर लौटने की इच्छा भी जैसे स्मृतियों में लौटने की ही इच्छा है। दिन डूबा अब घर जाएँगे...इसी इच्छा की प्रतिश्रुति है।

स्त्री विषयक कविताएँ भी उनके यहाँ खूब हैं। 'लड़की' इस संग्रह

की रुला देने वाली कविता है। 'आग कुछ नहीं बोलती' संग्रह में भी लड़की सीरीज की कई कविताएँ हैं जहाँ वे खुलकर कहते हैं—'लड़का बड़ा हो रहा है/ लड़की बड़ी हो रही है/ लड़का धीरे-धीरे घर खाली कर रहा है/ लड़की धीरे-धीरे घर भर रही है' (लड़की-2)। यह सीरीज आगे बढ़ते हुए सातवीं कड़ी तक पहुँचती है तो कवि जैसे मार्मिकता से भरकर चीख उठता है। उसकी पंक्तियाँ पूरे समाज पर एक चाबुक की तरह बरसती हैं। तभी तो ऋतुराज ने 'कन्यादान' कविता में लिखा है—"माँ ने कहा लड़की होना पर लड़की जैसी दिखाई मत देना।" एक सपना लिये लड़की ससुराल जाती है पर यह तो लोभ और नफरत का चक्रव्यूह है, ससुराल कैसी। वह संकट में किसे भला पुकारेगी। चीख भी नहीं पाएगी। वे इस नतीजे पर पहुँचते हैं कि 'अब ससुराल के लिए लड़की को शिक्षा नहीं, तिजोरी चाहिए। वहाँ प्यार नहीं,पैसे हँसते हैं/ सौदागर बसते हैं।' यहाँ कविता का तत्त्व भले प्रगाढ़ नहीं,पर कवि-चिन्ता प्रबल और संवेदी है। वे सरोकार हैं जो यह कहने में हिचकते नहीं—

तुम्हारे हाथ में
उनके लिए ईंट है, लोहा है, सीमेंट है, गारा है
उनके हाथ में तुम्हारे लिए उठा हुआ खूबसूरत नारा है

(जुलूस कहाँ जा रहा है/ हाथ)

रामदरश मिश्र की कविताओं में विश्वबन्धुता है, वंचितों, यतीमों के लिए आत्मीयता है, विराट का स्पंदन है, जीवन के एक-एक पल को जीने की चाहत है। इसीलिए उनकी तमाम कविताएँ जो एकरैखिक हैं, वे भी क्षणों को जैसे मन से जीने का उपक्रम हैं। वे एक कौंध, एक पुलक, एक बिम्ब से भी कविता रच लेते हैं इसलिए कभी-कभी यह जरूर लगता है कि इस कविता में आखिर क्या है जो इसे कविता बनाती है तो यह कहना होगा कि वह पुलक, वह कौंध, वह सुख, वह विषाद, वह विडम्बना, वह विपर्यय बोध, कोई न कोई सवाल, प्रश्नाकुलता—उनकी हर कविता के बनने के पीछे के कारक हैं...और यह भी कि वे खाँटी गृहस्थ कवि हैं यह कहते में गर्व का अनुभव करते हुए कि 'हम पूरब से आए हैं।'

'आग कुछ नहीं बोलती' में आग फिर एक प्रतीक की तरह बोलती हुई दिखती है। पेड़ों को वे देखते हुए कहते हैं, 'तुम क्या कभी इन पेड़ों को देखते हो /यह सब देखते हुए / लगता है, जब तक इन्हें देखता रहूँगा, मेरी कविता बची रहेगी।' (पेड़) एक-एक जा रहे सभी मन बड़ा अकेला लगता है, गीत में कितना अकेलापन बोलता है। बोलता हुआ गीत, कचोटती हुई चिन्ता। सावन-भादों तो कवियों का मन भिगोता ही रहता है। पर मिश्र जी का मन तो जैसे इस कविता में केदार (केदारनाथ अग्रवाल) हुआ जाता है जो कहा करते थे—फूल नहीं, रंग बोलते हैं। वे कहते हैं—

अजिर में शिशु-से नया रस घोलते हैं
ये अबोले फूल कितना बोलते हैं।
सुबह आँखों में इन्हें भर जागता हूँ
पास जा इनके खुला दिन माँगता हूँ
मुस्कराते हुए पलकें खोलते हैं।

(आग कुछ नहीं बोलती)

कविता भी कभी-कभी उस शिशुता की तलाश है जो कवि के भीतर कुलाँचे भरती रहती है। याद है मुझे दिल्ली के उत्तम नगर में एक बार पंडित विद्यानिवास मिश्र की अध्यक्षता में उनके संग्रह पर गोष्ठी हुई। विद्यानिवास जी का लालित्य टोही मन उजाड़ में भी बसंत की खोज कर लेता है। वे बोले और बहुत प्रीतिकर बोले। इसी के आसपास मिश्र जी को जब 'दयावती मोदी पुरस्कार' मिला तो लगा कि विद्यानिवास जी का कवि-मन कैसे मिश्र जी की इन कविताओं पर रीझ उठा होगा। इस संग्रह में शामिल कविता 'घर जल रहा है' घाटी में जलते हुए स्वर्ग की कविता है। वे रह-रह कर उन विडम्बनाओं की ओर दृष्टिपात करते हैं जिन्हें हम अक्सर दृष्टि से ओझल करते आए हैं। यह किसका घर है—हिन्दू-मुसलमान, ईसाई करते इस संकीर्ण समाज में भटकता हुआ एक कवि ही यह पूछ सकता है—'कहाँ गया वह घर/ जिसमें एक आदमी रहता था?'

एक दौर उनके कवि जीवन में ग़ज़लों और मुक्तकों का भी आया। 'हँसी ओठ पर आँखें नम हैं', 'बाजार को निकले हैं लोग', 'तू ही बता

ऐ ज़िन्दगी', 'सपना सदा पलता रहा' और दो मुक्तकों के संग्रह 'धूप के टुकड़े' और 'लमहे बोलते हैं'—उनकी बहुविध काव्यात्मक अभिव्यक्तियों का ही प्रतिफलन हैं। हम उनकी ग़ज़लों को उनके काव्यावदान में कम नहीं आँक सकते। उनकी ही ग़ज़ल का यह शेर जैसे उनके कवि-जीवन के आत्मसंघर्ष का पर्याय बनता गया : 'जहाँ आप पहुँचे छलाँगें लगाकर/ वहाँ मैं भी पहुँचा मगर धीरे-धीरे।' संयोग ही है कि उन्हें बहुतेरे बड़े पुरस्कार देर से मिले। जब कथा साहित्य की ऊँचाइयों पर थे, तब दृष्टि से ओझल रहे। जब फोकस में आए, दिल्ली में रमे-जमे तो कविता-संग्रह लगातार आते रहे। लिहाजा सारे बड़े पुरस्कार कविता पर ही मिले। व्यास सम्मान, दयावती मोदी कवि शेखर सम्मान, साहित्य अकादेमी पुरस्कार और अब सरस्वती सम्मान। उनके काव्यावदान के प्रति ये पुरस्कार और सम्मान एक प्रमाण की तरह हैं कि रामदरश मिश्र अपने समय के विशिष्ट कथाकार होते हुए भी अन्ततः एक कवि हैं।

भूमंडलीकृत समय और कविताएँ

नब्बे के आसपास विश्व ग्लोबल हो रहा था। सीमाएँ टूट रही थीं। विश्व बाजार अपनी गतिमयता तेज कर रहा था। देश में भूमंडलीकरण का वातावरण था। ऐसे दौर में उनकी कई रचनाएँ आती रहीं। खास कर कविता के क्षेत्र में जुलूस कहाँ जा रहा है, बारिश में भीगते बच्चे, ऐसे में जब कभी, कई छोटे उपन्यास, कहानी-संग्रह, ललित निबन्ध-संग्रह, संस्मरण, आत्मकथा के कई उत्तरवर्ती खंड इसी दौर में आए।

सन् 2001 के आसपास उनकी कविता फिर एक करवट लेती है। 'आम के पत्ते' के प्रकाशन के साथ उनकी कविता का एक नया दौर शुरू होता है। इस संग्रह पर ही 2011 में उन्हें 'व्यास सम्मान' मिला। यहीं से एक सांस्कृतिक समझ उनकी कविताओं में रूपाकार लेने लगती है। 'आम के पत्ते' का इसी रूप में स्वागत हुआ—पल्लव-सरीखा। 'पथ सूना है तुम हो हम हैं आओ बात करें'—जैसा संवेदनशील गीत इसी संग्रह में है। 'पिता तुम्हारी आँखों में'—जैसी कविता पितृछाया को हमारी

स्मृति में सघन करती है। उनकी कविताओं में धीरे-धीरे तमाम निर्जीव वस्तुएँ अपना नया कथ्य गढ़ रही थीं—मेज, कलम, चमचा, सुई, चाकू, पंखा, कुर्सियाँ, झाड़ू, माइक उनकी कविताओं में जगह बना रहे थे। कभी-कभी इन दिनों—संग्रह की पोस्ट कार्ड, ढोलची, आईना, अखबार आदि कविताएँ भी निर्जीवता को सजीवता में देखने की कोशिश दिखती हैं। पर जब इतने सारे संग्रह हों तो हर संग्रह की हर कविता ध्यान में नहीं आती। हाँ, उनके गीत ध्यान खींचते हैं। 'कल फिर नई सुबह होगी' और 'आभारी हूँ बहुत दोस्तो' ऐसे ही गीत हैं। 'आग की हँसी' पर 2015 में उन्हें 92 की वय में साहित्य अकादेमी पुरस्कार मिला। 'आग की हँसी' में एक कविता है—'अब नहीं आतीं चिट्ठियाँ', जिसे पढ़कर लगा कि हमें तो पता ही नहीं कि दुनिया इस बीच कितनी बदल गई है। कविता मनुष्यता का राग है और कविता संवेदनशील बनाती है, इसी संग्रह की उम्दा कविताएँ हैं जिनका आशय यह है कि यदि बाहर आग लगी हो तो कविता लिखने में मशगूल न रहो, पहले आग बुझाओ।

नवीनतम दो संग्रह 'मैं तो यहाँ हूँ' और 'रात सपने में' क्रमश: 2015 और 2017 में आए। अभी हाल ही में 'समवेत' (2022) भी आया है। यह उनकी निरन्तरता का प्रमाण है कि वे इस उत्तर वय में भी रचनात्मक बने हुए हैं। वे गाँव से दूर दिल्ली में रहते हुए भी अपना गँवई मन बचाए रहे। वे आज भी 'आभारी हूँ कविते!' लिखकर आभार से भरे दिखते हैं। साहित्य की इस लम्बी यात्रा में उन्होंने अपनी रचनाओं को शिल्प की जटिलताओं से बचाया और उसे जीवन की तरह ही आसान और सम्प्रेषणीय किया है। कभी मैंने उनकी कविता को 'नए संवत्सर की लय' कहा था; वह लय आज भी उनकी कविताओं और कवि व्यक्तित्व में बोलती है।

प्रतिनिधि कविताएँ श्रृंखला की ये कविताएँ उनके कवि-व्यक्तित्व का दर्पण हैं।

25 जुलाई, 2022
नई दिल्ली

—ओम निश्चल

क्रम

चाँद

रजनी के इस शान्त पहर में कहो—चन्द्र क्यों घूम रहे?
नील गगन के अंचल को तुम कमल वदन से चूम रहे।
निकल कहाँ से इसी समय तू प्रभा-बीज को बोता है?
नीरवता के अखिल राज्य में सकल विश्व जब सोता है।
मर्म बता दो हमें आज तुम क्यों मृदु-मृदु मुसकाते हो?
किस तरंग से पुलकित होकर फूले नहीं समाते हो?
तेरी मंजुल मुसकाहट से छिटक रहे सुषमा के पुंज
दिल सीने से हैं निकालते चँदवा से ये सुन्दर कुंज।
लोनी-लोनी मृद लतिकाएँ छकी हुई करके मधुपान।
सुख-विभोर हो जाती क्षण भर निरख तुम्हारी मृदु मुस्कान॥
बार-बार अवलोक तुम्हें ये आँखें नहीं अघाती हैं
पी-पीकर मधु छटा तुम्हारी प्रति-क्षण प्यासी जाती हैं।
तेरी मृदु मुसकान मध्य है क्या कोई आकर्षण शक्ति?
कुसुम-पंक्ति विकसित हो जाती जिससे सौरभमय अनुरक्ति।
विहँस-विहँस कर कलिकायें हैं छींट रहीं सौरभ की माल
नयनों में रजनी-तम में भी कर देती हैं अति उजियाल।
भला बताओ तुम्हीं अरे हे सागर-सुत रजनी के धन
किसका नहीं प्रफुल्लित होता तुझे देख कर सुमन-सुमन।
देख-देख यह तुझे देखकर होकर अति आनन्द विभोर
श्वेत कौमुदी में ये निर्झर कैसा झरते कल कल रोर।
निर्झरिणी भी मृदु मुसकाती धारण कर उज्ज्वल परिधान
करती है अभिसार न जाने कहाँ छेड़ती सुन्दर तान।

करते हैं कल नृत्य गगन में तुझे देख तारों के वृंद
नाच रहे हों नीले सर में नवल प्रभा से ज्यों अरविन्द।

('सरयूपारीण' मासिक पत्रिका, फरवरी, 1941 में पहली प्रकाशित कविता)

चल रहा हूँ

चल रहा हूँ क्योंकि गति से पन्थ का निर्माण होगा।

जिन्दगी का सिन्धु फेनिल दूर जीवन का सहारा
प्राण के बहते स्वरों को मिल न पाता है किनारा
चाहता हूँ मैं ठहर क्षण भर किसी का प्यार ले लूँ
पर बहाती जा रही तूफान को गतिमान धारा

सिन्धु के उस पार से कोई विकल आवाज आती
दूर कोलाहल-पुलिन से आह मानव की बुलाती

इसलिए इन उर्मियों के बन्धनों में भी निरन्तर
बढ़ रहा हूँ क्योंकि युग का जागरण गतिमान होगा।

रेत यौवन का पड़ा है उड़ रहे हैं रेणु के घन
लड़ रहे जलते पवन से प्राण के ये दीप उन्मन
चाहता हूँ मैं किसी के प्राण का विश्वास ले लूँ
पर क्षितिज तक काँपता झंझा-शिखा पर मूक निर्जन

दूर उस मरु पार से कोई विकल आवाज आती
जिन्दगी की साँझ मानव की कहीं हमको बुलाती

इसलिए हारा हुआ भी साँस का सम्बल सँभाले
जल रहा हूँ क्योंकि जग की रात का अवसान होगा।

आँधियों में भी दिवा का दीप जलना जिन्दगी है
पत्थरों को तोड़ निर्झर का निकलना जिन्दगी है

चाहता हूँ मैं किसी छाया तले निःश्वास ले लूँ
किन्तु कोई कह रहा दिन रात चलना जिन्दगी है
प्राण के उस पार शत-शत ज्योति रो-रो जागती है
और मेरे प्राण से संघर्ष की गति माँगती है

इसलिए बुझते हुए भी दीप दामन में छिपाए
जी रहा हूँ क्योंकि बन्दी एक दिन तूफान होगा।

(4 मई, 1947)

जिन्दगी की राह पर

जिन्दगी की राह पर पद-चिह्न भरता जा रहा हूँ।

छू चुका हूँ प्राण सपनों के, कली शरमा चुकी है
इन्द्रधनु-सी आँख में छवि-उर्वशी मुसका चुकी है
सुरभि की उड़ती लहर में पाल खोले नाव मेरी
तिर चुकी है आज उनकी याद करता जा रहा हूँ।
रेत पर लिखता गया हूँ मौन अन्तर की कहानी
घाटियों में सो रहा रव बाँध झंझा की जवानी
राह पर चलना अगर तो प्रीति क्या है भीति क्या है?
फूल हो या शूल हो मैं पाँव धरता जा रहा हूँ।

बाँध बाँहों में पड़ड़ीं लपटें दिवा की गान मेरे
कालिमा की भीति पर स्वर भर रहे हैं प्राण मेरे
फूल के मकरन्द से उठ धूम्र-पंखों के सहारे
समय की बीहड़ शिखा पर मौन चढ़ता जा रहा हूँ।

गा रही सरिता विनत हो गीत मेरी जीत का नव
पग थके, साहस न हारा, मेघ आए बाँध विप्लव
जेठ की जलती धरा ने भर लिया पद-रव हमारा
स्वर्ण-छवि-सा आग में तप-निखरता जा रहा हूँ।

राह में थक चाँदनी के झील के तट आँख मीचे
शयन भी करता गया हूँ कल्पना के वृक्ष नीचे
रूप के सित श्रृंग से गिर कर पिपासा की तटी में
नयन-निर्झर से कभी उन्माद झरता जा रहा हूँ।

जीवन कभी न हारा

तूफानों से लड़ता लड़ता जीवन कभी न हारा।

लघु साँसों का संवल मेरा पथ पर घिरता हुआ अँधेरा
बाधाओं की घनी घटा में कितने अवसादों का डेरा
रही चमकती आशाओं-सी क्षण-क्षण विद्युत की नव रेखा
लड़ता रहा युगों तक पथ से किन्तु न कभी पुकारा।

भरा भुजाओं में लहरों को, दृग में तूफानी पहरों को
सुख-दुख के दो कूल हँसे रोये स्पन्दित कर युग अधरों को
डगमग चरण, सिहरती धरती, काँटे चुभे नयन भर आए
पर राही ने कभी कहीं से माँगा नहीं सहारा।

तम में ज्योति हुए क्षण मेरे, दुख में प्रौढ़ हुए प्रण मेरे
आघातों के संघर्षण से और कठोर हुए व्रण मेरे
आज नहीं संध्या के नीचे झंझा की वे साँसें आतीं
नाविक ने यह कभी न पूछा कितनी दूर किनारा।

क्रन्दन दुख का गीत बन गया, रुदन हार का जीत बन गया।
वर्तमान की इस संध्या में इतना मधुर अतीत बन गया
आज मधुर लगते हैं कितने पथ पर अंकित चरण चिह्न ये
शक्ति-तरंगों में डूबा है अब कोलाहल सारा।

(2 अक्टूबर, 1946)

स्वर्गीया के प्रति

आज मैं पथ पर अकेला आज मेरे गान सूने।
अब न सन्ध्या के अजिर से झाँकता कोई सितारा
अब न पथ में श्रान्त पग को खींचता कोई सहारा
आज प्राणों की प्रतिध्वनि दूर नभ से लौट आती
मौन है कुछ मर्म लेकर साँझ का सूना किनारा
आज मरु की राह में छाया न निर्झर की रवानी
दग्ध पग से अब सिसकते चल रहे अरमान सूने।
थे प्रतीक्षा में जहाँ रत दो नयन वह द्वार सूना
सत्य जिससे स्वप्न भी हँसकर बने वह प्यार सूना
पार करता जा रहा था जिन्दगी जिसके सहारे
दूर पर उस टिमटिमाते दीप का आधार सूना
अब न मंजिल-पार से कोई कहीं मुझको बुलाता
आज नयनों में न तिरते रूप के जलयान सूने।

आज जो मेरी व्यथा है जग उसे उन्माद कहता
इस उजड़ते लोक को भी विश्व क्यों आबाद कहता
आज जो मैं गा रहा हूँ विश्व समझेगा उसे कल
मोल जीवन का किसी के, जग मरण के बाद कहता
आज हँस लें कल उठाएँगे चिता की धूल राही
जल रहे नीरव डगर पर स्वप्न के अभियान सूने।

(11 अप्रैल, 1947)

गीत हमारे

नभ में नहीं, धरा-ज्वाला में, पलते हैं ये गीत हमारे।

मेरे संघर्षों के क्षण ही बन जाते हैं नभ के बादल
साँसों के रेतीले पथ पर भर जाते-जीवन स्वर छल-छल
काँटों में उलझा उलझा जब आहत मन लोहू बन जाता
रक्त-भरे वे पल बन जाते फूलों की लाली का अंचल
मेरी धरती का रोना हँसना ही नभ का साँझ-सबेरा
धूप-छाँह की इन लहरों में चलते हैं ये गीत हमारे।

मेरे पद-चिह्नों में लिख जाता जीवन का गीत निरन्तर
स्वप्न तूलिका-सा लहरा कर देता है गीतों में रंग भर
बीहड़ बेला से टकरा कर, लड़कर झंझा के झोंकों से
जीवन के जो स्वर उठते हैं, भर लेता उनको है निर्झर
झरते रहते हैं न बादलों की परछाईं से, अम्बर से,
अंकुर से धरती को चीर निकलते हैं ये गीत हमारे।

गा उठता हूँ, जब गा उठती जीवन में लहरों की क्रीड़ा
रो उठता हूँ, जब रो उठती अन्तर में मानव की पीड़ा
बीन सदृश जीवन की लम्बी राह गुँथी है स्वर-तारों से
पद के संघातों की गति से झन झन बजती रहती वीणा
मेरे राग न जल पाते हैं अम्बर से झरती ऊष्मा में
    सागर की अन्तर्ज्वाला से जलते हैं ये गीत हमारे।
    नभ में नहीं, धरा-ज्वाला में पलते हैं ये गीत हमारे

(4 अप्रैल, 1949)

पावस-गीत

उमड़ रही पुरवइया कुन्तल जाल-सी
लहर रहे अम्बर में काले-काले बदरा।

    हरी हरी छाया वन में लहरा रही
    धरती नभ में उड़ी-उड़ी-सी जा रही
    झुके हुए घन बहे जा रहे व्योम में
    झम-झम रस-बुँदिया में धरा नहा रही
धूप लजीली उड़ी जा रही पाल-सी
गरज रहे सागर से छाया वाले बदरा।

    संध्या-सा दुपहरिया का मन भर गया
    श्याम घटा में श्यामल खेत लहर गया
    परियों के यौवन का झोंका बह गया
    बूँदों में सावन का हृदय बिखर गया
धानों में अल्हड़ युवतियाँ मराल-सी
गीत गा रहीं—बरसो रे मतवाले बदरा।

कौन विहग श्यामल कुंजों से गा रहा
आँचल में लतिका का हिया लजा रहा
छू छू प्राणों को सिहरन भग जा रही
हरियाली में मेरा मन भर आ रहा
सुधि की सूखी व्यथा भर उठी ताल-सी
बरस रहे बिजली को गोद सँभाले बदरा।

अंचल-सी उड़ रहीं मुग्ध हरियालियाँ
यौवन में हैं झुकी हुई तरु-डालियाँ
यमुना-सा उमड़ा नयनों का कूल है
सुरधनु की छाया-सी प्यासी लालियाँ।

प्रकृति पहन कर खड़ी आज जयमाल-सी
गीत जवानी के घुल-घुल कर गा ले बदरा।

(15 जनवरी, 1949)

मन डूबा सन्नाटे में

संध्या में बादल डूबे हैं मन डूबा सन्नाटे में।
यह जाड़े की ठंडी घाटी
पतझर की साँसों से पाटी
सूनेपन के हिम श्रृंगों से
छाया झरती है झरने-सी
अपनी ही परछाईं लेकर घन डूबा सन्नाटे में।

ये नीमों की नंगी बाँहें
ये चीड़ों की मर्मर आहें

यह सुनसान अमलतासों का
ये उजड़ी-उजड़ी-सी राहें
        यह एकाकीपन से घायल वन डूबा सन्नाटे में।

आँखों में घन-वन, पग पथ पर
कुछ कहने को मथता अन्तर
वह कुछ क्या है पूछ रहा मैं
किन्तु न उर पाता कोई स्वर
        साँस खींचता सरसर व्यथित पवन डूबा सन्नाटे में।

शिखरों पर कागों का मेला
डाँड़ों पर कम्पित वन बेला
उमड़-उमड़ आता क्यों सोया
दर्द कि मैं हूँ आज अकेला
        मेरा क्या, सब का एकाकीपन डूबा सन्नाटे में।

(10 जनवरी, 1951)

मेरी राह न बाँधो!

मैं अषाढ़ का पहला बादल
मेरी राह न बाँधो!
        जन-जन के उर का कोलाहल पी कर मैं गाता हूँ
        मधुर कल्पना-सा फिर नभ में उड़ता लहराता हूँ
        फिर भी दूर नहीं है मुझसे जीवन की पगडंडी
        धरती के अधरों पर बन कर बूँद उतर आता हूँ

मेरी प्यास गरल पी-पी कर सुधा-जलद बन जाती
धुआँ घटा पी हँसने वाला
मेरा दाह न बाँधो!
 स्वयं मुझे रवि किरण लुटाता, सिन्धु लुटाता पानी
 लेकर सब का दान स्वयं को देती लुटा जवानी
 तुम कहते हो व्यर्थ लुटा मैं, जग कहता नादानी
 पर देखो, बन गीत धरा के मेरी अमर निशानी

मैं न किसी के मन का बन्दी, सारी दुनिया मेरी
प्राण-प्राण पर बहने वाली
मेरी छाँह न बाँधो!
 मैं न किनारों का बन्दी हूँ, दास न पाषाणों का
 मैं न किसी का पथ-अनुगामी, राही निर्माणों का
 छाती तान खड़े शैलों से मेरा स्वर टकराता
 झुकता मैं न, लुटा देता रस मिट-मिट कर प्राणों का

पथ के काँटे-कुसुम सभी को आँखों में भर लेता
सीमा की दीवारो मेरी
मुक्त निगाह न बाँधो!
 मेरे भी दिल में जलती है प्यास बिजलियों वाली
 भर जाती दृग इन्द्रधनुष से सुधि की गलियों वाली
 इतनी पीड़ा ले कर भी मैं पथ पर हँसता जाता
 मुझे बुलाती किरण-करों में व्याकुल भू-पंचाली

अपने यौवन के सपनों को बना-बना हरियाली
लुटा-लुटा देता भू-तन पर
मेरी बाँह न बाँधो!
 प्राणों के रस की छाया में युग से जग को पाला
 कलि में हास, लता में यौवन, कोकिल में स्वर डाला

मिट कर ऊसर पर तरु बनता, पाषाणों में झरना
फिर भी तुम कहते हो मुझको नभ में उड़ने वाला

तुमने केवल तन पहचाना, मन पहचान न पाए
अपनी लघु नौका से मेरा
सिन्धु-अथाह न बाँधो!

(13 अगस्त, 1950)

डूब गया दिन धीरे-धीरे

साँझ पहर, पनघट की बेला, डूब गया दिन धीरे-धीरे।

दीप दान का थाल सजाए विनत पलक आँसू से सींचे
दीप जलाने चली विरहिनी तुलसी के बिरवे के नीचे
किसी साधना में नीरव हो क्या जाने क्या माँग रही है
संध्या की अलसित पलकों में कौन पिपासा जाग रही है
किरण बालिका क्षितिज-गोद में चली सहम कर लाज छिपाने
अपनी ही अन्तर्ज्वाला से ऊब गया दिन धीरे-धीरे।

दूर गाँव से शून्य डगर पर जहाँ न कोई दीपक जलता
पूछ रहा किस अदृश ज्योति से पथिक थका-सा चलता चलता
दिन बीता, संध्या आई, क्या जाने कब तक चलना होगा?
तेरे पथ की शान्त लपट में साथी कब तक जलना होगा?
मंजिल की सूनी गोदी पर हौले हौले कदम बढ़ाता
चलता जाता दूर क्षितिज को निर्झरिणी के तीरे-तीरे।

संध्या के रंगीन दृगों में विहँसी नव सुहाग की लाली
मंथर चरण गगन शैया से बिछल पड़ी शशि की उजियाली

निर्मम कौन हिलाता जाता नीलम के श्यामल तरुवर को
झरती ये तम कण की कलियाँ ढाँप रही हैं नील नगर को
संध्या की धोई अलकों में हँस हँस कौन धूल भर देता
नभ में हँसता चाँद अकेला, डूब गया दिन धीरे-धीरे।

सौरभ की बूँदों से लदकर चलतीं मस्त हवाएँ आकुल
उड़ता है अंचल लतिका का, उठती कसक व्यथाएँ आकुल
मंजिल पथ पर जल्दी जल्दी ये पंछी पर मार रहे हैं
प्रत्याशा में बैठ नीड़ में बच्चे राह निहार रहे हैं
पनघट पर घट बोर रही हैं मस्त जवानी में बालाएँ
पास खड़ा रसिकों का मेला, डूब गया दिन धीरे-धीरे।

यमुना के उस पार लहर पर छोटा एक चिराग जल रहा
किसी हृदय के भग्न खँडहर का धुँधला अनुराग जल रहा
लगी झाँकने नीरव जल में भग्न खँडहर की प्राचीरें
भेड़ों को कोई चरवाहा लिए जा रहा धीरे-धीरे
मेरे उर की पगडंडी पर स्मृतियों के लघु दीप जलाए
जाग रहा कोई अलबेला डूब गया दिन धीरे-धीरे।

(21 नवम्बर, 1946)

जेठ की भोर

नीरव जेठ की है भोर, मैं हूँ पंथ पर अनजान।

धुल कर स्तब्धता में मौन, सोती राह, सोते गाँव
निर्जन-सा पड़ा संसार, बन्दी शब्द के हैं पाँव
लेता है क्षितिज निःश्वास थम थम पंथ के उस पार
बन कर स्वप्न-दीपक व्योम गंगा में विचरते प्राण।

दरती चन्द्र घट से मुग्ध छन-छन चाँदनी की बूँद
पीते हैं धरा के प्राण, पीती धूल आँखें मूँद
पथ में श्वान उठते भूँक, तिरता गन्ध पर पवमान
तम की घाटियों में दूर जंगल हैं खड़े सुनसान।

गाँवों से गगन की ओर उठते चक्कियों के गीत
जग से पूछते चुपचाप, मेरी हार है या जीत
एकाकी रहे हैं ऊँघ सूने खेत बीच बबूल
ईंटों के अवाँ से निकल उठते धूम्र के अभियान।

बादल-खंड से सुकुमार छिप छिपकर निकलता चाँद
ज्यों गन्धर्व-पुर में मुग्ध तिरता स्वप्न का उन्माद
कूएँ पर रही है जाग आहट नूपुरों की क्षीण
गाता है नदी के तीर से कोई विरह के गान।

उठती प्राण से कुछ दूर कोयल डालियों पर कूक
फड़ फड़ पंख से भर भीत उड़ते डाल-डाल उलूक
अब चलने लगे हैं घाट, पंथी चल रहे दो एक
तम के धूह पर चढ़ प्रात करता ज्योति का आह्वान।

(8 जून, 1947)

बैरंग बेनाम चिट्ठियाँ

कब से
यह बैरंग बेनाम चिट्ठी लिये हुए
यह डाकिया दर-दर घूम रहा है

कोई नहीं है वारिस इस चिट्ठी का
कौन जाने
किसका अनकहा दर्द
किसके नाम
इस बन्द लिफाफे में
पत्ते की तरह काँप रहा है?
मैंने भी तो
एक बैरंग चिट्ठी छोड़ी है
पता नहीं किसके नाम?
शायद वह भी इसी तरह
सतरों के होंठों में अपने दर्द कसे
यहाँ-वहाँ घूम रही होगी

मित्रो!
हमारी तुम्हारी ये बैरंग लावारिस चिट्ठियाँ
परकटे पंछी की तरह
किसी दिन लावारिस जगहों पर और कभी किसी दिन
पड़ी-पड़ी फड़फड़ाएँगी
कोई अजनबी

इन्हें कौतूहलवश उठाकर पढ़ेगा
तो तड़प उठेगा
ओह!
बहुत दिन पहले किसी ने
ये चिट्ठियाँ
शायद मेरे ही नाम लिखी थीं।

(1959)

ओ नए शरद

सुबह उठा तो
ताजा ताजा मौसम महक उठा
धूप खिली रेशम-सी
बाहर भीतर फैल गई
हरसिंगार झर-झर झरता था
लगा कि मैं ही लुटा स्वयं को
महक रहा हूँ!

उड़ीं हवाएँ खुशबू-भीगी
लगा कि मैं ही जड़ता में
स्पन्दन बन बनकर लहर रहा हूँ

कमल खिले
बच्चे किलके
सुन्दरियाँ विहँसीं
लगा कि मैं ही
हँसी-हँसी में तैर रहा हूँ

खेत जुते
मिट्टी गहराई
लगा कि मैं ही बीज—
धरा में फैल रहा हूँ
अंकुर बन लहलहा रहा हूँ

पग-ध्वनियों से राह बज उठी
लगा कि मैं ही—
पाँव-पाँव में मंजिल बन कसमसा रहा हूँ

तोड़ बन्द पर्तें ओठों की
गीतों-सा जगमगा रहा हूँ

स्वागत है ओ नए शरद्!
तुमने मेरी आत्मा को
मिटा-मिटा कण-कण में
जीवित किया
बूँद को पारावार कर दिया।

(1957)

तुम बिन

तुम बिन कुछ खोया-खोया-सा
कुछ सूना-सूना लगता है।
रीते घर का हर रीतापन
कुछ दूना-दूना लगता है।

यों था ही क्या रीते घर में
जो नए सिरे से रीता हो?
फिर भी कुछ ऐसा लगता ज्यों
कन-कन से फागुन बीता हो।

तुम आज नहीं हो तो क्या हो
हर शाम सुबह कह जाती है
दिन तो पाँवों में अँट जाता
पर रात तुम्हें गुहराती है।

हर भीत महकती है तुम-सी
हर हवा तुम्हीं-सी छू जाती
हर घड़ी तुम्हारी आँखों-सी
मेरी आँखों में चू जाती।

हर पुस्तक की सतरों में दीठि
तुम्हारी ही दुहराता हूँ
इस घर के हर रीतेपन में
मैं साँस तुम्हारी पाता हूँ।

हर पाँव फर्श का यों लगता
जैसे चल कर तुम अभी गई
संगीत तुम्हारा सुनती है
यह छत जैसी उनई उनई।

मेरे कपड़ों में गरम-गरम
ज्यों दो हथेलियाँ डोल रहीं
कुर्सी के पीछे खड़ी खड़ी
जैसे कि चुप्पियाँ बोल रहीं।

चूल्हे की लपटों में जैसे
लपलपा रहीं गोरी बाँहें
थाली में बरस रहीं
मंगल-मधु भीगी पलकों की छाँहें।

तुम बिन लगता जैसे कोई
त्योहार अजाने गया निकल
ज्यों जाड़े का उदास तिजहर
चुपचाप रहा छाती में ढल।

(1953)

वे दिन और ये दिन

तब वे दिन आते थे
उड़ते हुए
इत्र-भीगे अज्ञात प्रेम-पत्र की तरह
और महमहाते हुए निकल जाते थे
उनकी महमहाहट भी
मेरे लिए एक उपलब्धि थी।

अब ये दिन आते हैं सरकते हुए
सामने जमकर बैठ जाते हैं
परीक्षा के प्रश्न-पत्र की तरह
आँखों को अपने में उलझाकर आह!
हटते ही नहीं
ये दिन
जिनका परिणाम पता नहीं कब निकलेगा।

(1959)

निशान

हाँ, यह मकान बढ़कर
तिमंजिला-चौमंजिला हो गया
इसकी सीमेंट सूखकर कड़ी हो गई
लेकिन उस दिन
तुमने जो मजाक-मजाक में
गीली सीमेंट पर

मुलायम पाँव रख दिया था
उसका निशान
ज्यों का त्यों है?

(1960)

सीमा-रेखा

इस सीमा-रेखा के उस पार तुम हो
इस पार मैं
पास-पास खड़े
हम कब से बातें कर रहे हैं?

पर आह!
मिल नहीं सकते
इस दो अंगुल की दूरी में
पूरा एक देशान्तर तड़प रहा है!

(1958)

आभास

एक कपोत की छाया
जँगले में से होकर कमरे में तैर गई
लगा तुम आ गए।

हवा का एक हलका-फुलका झोंका
आकर मेरी छाती पर बिछ गया
लगा तुम आ गए।

बादल का एक मासूम बच्चा
खेलता-खेलता आकर
मेरे सामने फुहार ढार गया
लगा तुम आ गए।

यह दोपहर चीरती हुई
उस गुलमुहर से एक नन्ही चिड़िया गा उठी
लगा तुम आ गए।

(1958)

नया वर्ष

आ गए
ओ नए वर्ष!
तुम फिर आ गए
आह!
तुम्हें देखकर मेरा विगत
कौंध उठा है बिजली-सा
अन्धकार में डूबे पेड़ों-से
छोटे-छोटे चेहरे
चमककर बुझ गए हैं

सुगंध से भीगी भीगी एक चाँदनी रात
धरती प्रेम के उच्छ्वास छोड़ रही थी

छा गए गड़गड़ाते हुए बादल
काले-भूरे लाल धुआँ उगलते हुए
वह एक पगडंडी थी
ऐसा आकाश बरसा कि
जो फसलों के देश तक जाती थी
न वह पगडंडी रही, न वह देश।

वह एक गीत था
जिसे मैं अक्सर गुनगुना उठता था
एक दिन पूस की बर्फ से जमकर
ठंडा हो गया।

वह एक नया पेड़ था
जिसमें हर साल नए फूलों की उम्मीद करता था

सूखते सूखते सूख गया
और वह एक पंछी था
जो वसंत के लिए गीत गानेवाला था।
बहेलिये के तीर से घायल हो गया
वह एक मेरा मासूम गँवई दोस्त था
बचपन का सहपाठी
बाहर से घर तक दौड़ता-दौड़ता
राह में समा गया
फिर भी हम तुम्हारा स्वागत करते हैं
ओ नए वर्ष!
क्योंकि हम मनु-पुत्र हैं
स्वप्न-कल्पी नव नव विश्वासी
अपराजेय
हम फिर नए कंठों से गाते हैं और

आओ
तुम गुलमुहर और अमलतास की
लाल-पीली हथेलियों से
आकाश में नए चित्र बनाओगे
संसार को तुम
शरद का एक सुकोमल चाँद भेंट करोगे
जाड़ों को गेहुँओं की गदरायी हरियाली ओढ़ा दोगे
फिर पतझर की हिम-उज्ज्वल डालियों पर बैठकर
एक प्यारा पंछी तुम्हें विदा देगा
और
स्वागत करेगा तुम्हारे नवजात शिशु का।

(1955)

रात-रात भर मोरा पिहँके

रात-रात भर मोरा पिहँके, बैरिन नींद न आए
बड़े भोर सारस केंकारे, नदिया-तीर बुलाये।

बिखरे-बिखरे सपने चुन-चुन
सूनी रैन सजाऊँ
भोरे-भोरे नदी तीर
बालू के महल बनाऊँ
कौन उड़ा ले जाय सपनवाँ, कौन महलिया ढाये?

काँपे नदी-कछार, हवाओं में
भर हौले-हौले
दर्द भरा मन नाव कि जैसे

बात-बात में डोले
जल-पाँखी-सा उड़ उड़ कूँके, सन्नाटा थर्राये।

खड़ी फसल के पात-पात पर
अपने को लिख जाऊँ
लहर-लहर पर गिर-गिर नाचूँ
दिशा-दिशा उड़ धाऊँ
मैं तटवासी, तृष्णा मेरी प्यासी फिर-फिर आए।

(1960)

जलते हैं फूल

जलते हैं फूल
घाटी में जलते हैं सेमल के फूल।

फागुन की हवा एक पात-पात लूट गई
नंगी टहनी-टहनी पोर पोर फूट गई
लाल-लाल अंग हँसे, उड़ गया दुकूल।

कौन है कि जला इन्हें घाटी में छोड़ गया
कितनी टूटी घड़ियों से दिन को जोड़ गया
आया यह याद कौन, गया कौन भूल।

आर-पार-सा पीला सूनापन दहक गया
सोये सन्नाटे में गीत एक महक गया
धूलीमय रंग हुआ रंगमयी धूल।

(1960)

पके धान-सी धूप

पके धान-सी धूप झरी पतझर आया
सूना-सा आँगन धरती का भर आया।

नारंगी-सी गंध हवा में माती है चुप्पी है
यह अजब कि छू-छू जाती है
हर बेगानापन लगता ज्यों घर आया।

महुए का पीला पीला वन चटका है
कोई सूना गीत दूर तक भटका है
ठहरा-ठहरा-सा हर दर्द उभर आया।

बौर-बौर सूने में जैसे टेर रहा
दूरागत को एक क्रभी से हेर रहा
तुमको था जो दिया लौट वह स्वर आया।

(1962)

एक नीम-मंजरी

एक नीम-मंजरी
मेरे आँगन झरी
काँप रहे लोहे के द्वार।

आज गगन मेरे घर झुक गया
भटका-सा मेघ यहाँ रुक गया

रग-रग में थरथरी
सन्नाटा आज री
रहा मुझे नाम ले पुकार।

एक बूँद में समुद्र अँट गया
एक निमिष में समय सिमट गया
वायु-वायु बावरी
किसकी है भाँवरी
साँस-साँस बन रही फुहार।

(1962)

भोर फूटी

यूकलिप्टस की विरल-सी पत्तियों की छाँह में
बैठ, आँखें डाल दर्दी मैंने तुम्हारी राह में।

चाँद उग-उग छिपा घन में
पहर आए, गए
हवा महकी, झरी, कुन्तल मेघ
छाये-नए
पत्तियों पर नींद ढलती गई
रही उठ-उठ टूटती छाया सुदूर निगाह में।

भोर फूटी, सुनहले धन-ताल
हिलने लगे
तुम्हें देखा गीत पकड़े
काफिलों में जगे

अदेखे तुम मुझे चलती गईं
खड़ा-सा मैं डाल अपनी बाँह अपनी बाँह में।

(1955)

पता नहीं

यह भी दिन बीत गया
पता नहीं जीवन का यह घड़ा
एक बूँद भरा या कि एक बूँद रीत गया।

उठा कहीं, गिरा कहीं, पाया, कुछ खो दिया
बँधा कहीं खुला कहीं, हँसा कहीं, रो दिया
पता नहीं इन घड़ियों का हिया
आँसू बन ढलका या कल का बन गीत गया।

इस तट लगने वाले और कहीं जा लगे
किसके ये टूटे जलयान यहाँ आ लगे
पता नहीं बहता तट आज का
तोड़ गया प्रीति या कि जोड़ नए मीत गया।

एक लहर और इसी धारा में बह गई
एक आस यों ही बंसी डाले रह गई
पता नहीं दोनों के मौन में
कौन कहाँ हार गया, कौन कहाँ जीत गया।

(1961)

चैत आया है

चैत आया है, चैत आया है
चैत आया, चैता के फूल लाया है।

नीमों की डाल फुनगिया गई
कि हरे-हरे पातों की झाँवरी
फूलों के गुच्छ गहगहा गए
कि गन्ध-साथ भँवरों की भाँवरी
मीठी लगने लगी कि हरियाई
घनी घनी बरगद की छाँव री
महुए की गन्धों की डोर पर
पीला पीला अमलतास छाया है।

सोने की फसलों में झूल रहीं
बजती-सी सोने की बालियाँ
गहक रहीं गेहूँ के गालों में
बाँहों की झूमती कुदालियाँ
लटक रहे हँसुओं के अमलतास
गोरी-गोरी बाँहों की डालियाँ,
लपक-झपक हँसुओं की होड़ की
पछुए ने गीतों को बहकाया है।

खुली खुली बाँहें, पर्वत-पग
चौड़े माथे खेतों को ढो रहे
आँखों के घाम-बाढ़-शीत आज
डाँठों के शैल-शृंग हो रहे
बैलों का आरोहण, भूसे झर झर

दाने का खर-खर श्रम धो रहे—
ऊपर पाकड़ के घन कुंज से
कोयल ने गीत नया लहराया है।

(1953)

बादल घेर-घेर मत बरस

बादल घेर-घेर मत बरस कि मेरे लाज-बसन डूबे।

रह रह काँपे हिया हवा में खुले खेत में धान,
आँखों में परदेसी काँपे, रोम-रोम में बान,
याद का बाँध उठा है टूट कि बिरहा के ये छन डूबे।

काँप रहे हैं फूल कदम के, काँपे पियर कनेर,
नीब-शिखा पर पंछी काँपे, मेड़-पार झरबेर,
लोटती काली छाँहों बीच कि मेरे गोर सपन डूबे।

काँपे फूली ताल तलैया, काँपे जल की थाह
दीठि-पार काँपे डूबी-डूबी परदेसी राह,
सघन घन में धरती डूबी है धरती में ये घन डूबे।

काँप रहे हैं गीत ओठ में, झर-झर झरता मेह
काँपे फर-फर पात कि थर-थर-थर बजरे की देह,
कहीं ऐसा न हो कि दो दिन में खेतों का यौवन डूबे।

(1952)

गाढ़े गए दिन बीत

गाढ़े गए दिन बीत रे, बैला बाएँ-से औं औं।

माँ का हरा कचनार मन मुरझाया हुआ है
धुआँ चिता का ताल में अभी छाया हुआ है
पर न नई यह रीति रे, बैला बाएँ से-औं औं।

धानों की दो दिन की जवानी टूट गई रे
आँखों में सपनों की कहानी टूट गई रे
टूटी नहीं परतीति रे, बैला बाएँ-से औं औं।

साखी है तू, सूने प्रलय की छाँह से हो
गुज़रे हम कितनी ही दफा इस राह से हो
हारे नहीं हम जीत रे, बैला बाएँ-से औं औं।

मिट्टी के रस में दे मिला परछाइयाँ तू
धरती में फिर साथी सहेज हराइयाँ तू
फिर बोएँ हम गीत रे, बैला बाएँ-से औं औं।

(1952)

बादरवा बरसे

न माने बादरवा बरसे।
हौले-हौले गगन झुक रहा, धरती उड़ती जाये
फसल पुकारे मेघों को, फसलों को मेघ बुलाये

मैं परदेशी तुझे पुकारूँ, तू मुझको घर से
न माने बादरवा बरसे।

भीगी-भीगी हवा बबूलों को छू-छू बह जाती
पीली-पीली छाया जल में काँप-काँप रह जाती
काँटों में फूले प्राणों को तू आ-आ परसे
न माने बादरवा बरसे।

छायाओं की लहरों से घिर-घिर दिन सारा काँपे
दर्द दूरियों का भर-भर गीतों की धारा काँपे
मैं निर्जन घाटी-सी काँपूँ ओ! तेरे डर से
न मान बादरवा बरसे।

(1960)

आकाश में फसल लहलहा रही है

आकाश में फसल लहलहा रही है
धरती बंजर पड़ी है।
हवाएँ हँसिया लिये उड़ती हैं।

खेतों उदास खड़े लोग
सुनते हैं दूर से आते ट्रैक्टरों की आवाज
कि धुआँ फटता है
साँस ऐंठ-ऐंठ कर टूटने लगती है
झुलस-झुलस कर
पेड़ों से पक्षी गिरते हैं तालाब उड़ते हैं
नदियाँ धँसती हैं

रास्ते रास्तों को काटते हैं
मकान मकानों में घुसने लगते हैं
बूढ़े रेत के घरौंदे बनाने लगते हैं
और नंगे बच्चे
बेतहाशा भागते हैं गैस की थैलियों के आगे-आगे
बड़ी-बड़ी खाइयाँ
गाँवों, शहरों को सिरहाने रख कर
लेट जाती हैं

टैंक अपना जबड़ा खोले
खल खल खलखल हँसते रहते हैं...

और देखते देखते अनेक देव आकृतियाँ
टैंकों के पीछे से उड़-उड़ कर आकाश में छा जाती हैं
आकाशवाणी गूँजती है
घबराओ नहीं, हमारी फसल पकने वाली है

धरती बंजर पड़ी है
हवाएँ हँसिया लिये घूम रही हैं।

(9.12.1966)

स्तूप

एक जीवित स्तूप
आस-पास बिखरे हैं
तमाम टकरा कर टूटे हुए क्षण
अपनी व्यर्थता से आहत।

स्तूप खुलना चाहता है कब से
किन्तु एक शाप है,
जो उसके स्तर-स्तर पर बिछ गया है,
क्षण आते हैं
बिखरते जाते हैं टूट कर;

किन्तु आज
जब से तुम ने छू दिया है
स्तूप के भीतर से कुछ टूट रहा है,
सारे टूटे बिखरे क्षण
छटपटा रहे हैं तुमसे जुड़ने को।
अब लगता है :
सारे बीते क्षणों की व्यर्थता
तुम्हारी सार्थक प्रतीक्षा के लिए थी।

(21.6.1965)

भाग्यशाली

गलियाँ सड़कों से मिलती हैं,
सड़कें चौराहों से,
चौराहे घूम-फिरकर अपने में ही डूब जाते हैं।
इस भीड़ से गुजरता हुआ मैं
कितना भाग्यशाली हूँ,
न अपने से मिल पाता हूँ
न औरों से।

(31.7.1965)

कहाँ है समाज?

सड़कों पर केलों के छिलके पड़े हैं।
गलियों में टूटे शीशों के टुकड़े
नए-नए पार्कों को
लोग या तो उठा ले गए हैं
या तोड़ गए हैं
और सारे शोख फूल खो गए हैं
आस-पास की लड़कियों के नकली बालों में

स्ट्रीट लाइटों के टूटे हुए बल्ब
औंधी खोपड़ी से लटके हैं
और सभी लोग अँधेरे में टकराते हुए भुनभुनाते हैं

जगह-जगह खुले हुए नल
बेतहाशा पानी उगल रहे हैं
और यहाँ-वहाँ किनारे शोर कर रहे हैं
नदियों के बहाव को अपने में बाँधने के लिए
स्टेशनों पर रेलगाड़ियाँ सुलग रही हैं
या लाइनें उखाड़ ली गई हैं सीमान्तों पर
और सिगनल डाउन हैं

स्कूलों की खिड़कियों के शीशे तोड़कर
विद्यार्थी बाहर आ रहे हैं
और उन्हीं के भीतर पैठ रही है
बन्दूकें...लाठियाँ...
क्षत-विक्षत किताबों के पन्ने

बूटों के नीचे बिखरे हैं
राजधानी में

देश के कोने-कोने से कूड़ा आता है
सड़ता है
फिर उड़ेल दिया जाता है।
हर आदमी के रक्त में
हम सब भीड़ में समाज-समाज चिल्लाते हुए घूमते हैं
और अकेले में
अपने से पूछते हैं
समाज?
कहाँ है समाज?

(1.2.1968)

समय जल-सा : नौ कविताएँ

एक

डरता है आज अकेलापन
मत जाना मीत कहीं और
आज फागुनी हवाओं में बहके हैं बौर

क्या जाने कब किसका नाम ले पुकार दें
चलते-चलते यों ही एक बान मार दें
तड़प रहा सन्नाटा देख पोर-पोर

दो

भरी-भरी दोपहरी
बोल गया पाँखी
बार-बार खड़क उठा खिड़की का पल्ला

पास की बँसवारी से
सीटियाँ बजाता रहा पवन निठल्ला
टूट गई नींद
और छा गई उदासी।

तीन

चिटक उठी धूप, प्रिय
टूट गई सीढ़ी
ताल में गिरी मैं
जल में तिरी मैं
अंग-अंग जल हुआ
रही न कहीं की री!

चार

गदरा उठी है पगडंडी
काँटेदार छोटी-छोटी झाड़ियाँ
लद आय पीले-पीले फूलों से
ढो रही हैं आभा हवाओं की गाड़ियाँ
जाने किस चोट से लहक उठी
उजड़ी वनखंडी

पाँच

कैसा-कैसा जाने लगता है आज
जैसे चौरस्ते पर भरा-भरा घड़ा
कोई फोड़ गया हो
जाते-जाते जैसे कोई

कमरे में नाम एक छोड़ गया हो
भाता नहीं है कोई कामकाज।

छह

पक गई है धूप
नभ का बन्द स्वर छितरा गया है,
चुग रहे दाने पखेरू
राह पर भटका बटोही गा गया है,
सोचती हैं खेत में फसलें खड़ी-सी
हाय, कटने का समय अब आ गया है

सात

अब सहा जाता नहीं है कहीं भी ठहराव
समय जल-सा
जहाँ से पकड़ो वहीं से टूट जाता है।
हाथ में आया न आया
रेशमी रूमाल-सा पल छूट जाता है।
भटकती फिरती हवा में
छूट तट से नाव।

आठ

प्रिय है!
तट पर मैं बैठी कब से मन को डाल,
दर्पण-सा जल है निथराया
काँप रही फूली-फूली वन की छाया
तिजहरिया फैली ज्यों ताल।

नौ

गन्ध पर फैला हुआ है
चाँदनी का फेन
सिमट कर है सो गया
मेरा दिवस बेचैन
शिशु-अधर से फड़कने क्यों
लगे अनगिन स्वप्न
सुनो, शायद जा रही है
दूर कोई ट्रेन!

(1.2.1963)

एक बहकी हवा फागुन की

खींच कर घर से
एक बहकी हवा फागुन की
बीच चौरास्ते मुझे भटका गई है।

खुल रही हैं खिड़कियाँ ही खिड़कियाँ
हिलते हुए आकाश में
फूटते जिनमें नहाये नाचते पल पलाशो से
प्यास में
समय शीशे सा
यहाँ से वहाँ तक...
आँच-सी कोई जिसे चटका गई है।

भागती है राह कोई दीठि लेकर
खींच लेती दूसरी ले नाम
सुबह-सी है एक बहती मुझे लेकर
दिशाओं तक
दूसरी माथे ठहर जाती
कि जैसे शाम
हाय, इस बेला मुझे ही यह हवा
हर सुलगती डाल पर लटका गई है।

विदाभास

फिर हवा बहने लगी, कहने लगीं वनराइयाँ
काँपने फिर-फिर लगीं, ठहरी हुई परछाइयाँ।

थरथराने से लगे कुछ पंख अपने नीड़ में
एक छाया छू मुझे उड़ खो गई किस भीड़ में
ताल फिर हिलने लगा, फटने लगीं फिर काइयाँ।

एक भटकी नाव धारा पर निरखतीं दीठियाँ
प्रान्तरों को चीरतीं फिर इंजनों की सीटियाँ
अब कहाँ ले जाएँगी यायावरी तनहाइयाँ?

भीत पर अंकित दिनों के नाम फिर हिलने लगे
डायरी के पृष्ठ कोरे फड़फड़ा खुलने लगे
उभरने दृग में लगीं पथ की नई गहराइयाँ।

(7.7.1963)

सुबह, अन्धकार और हरी रोशनी

हर सुबह
उड़ती चिड़ियों को देखा
चाहा पकड़ लूँ इन्हें
हर बार टूटे पंख आ गिरे सिर पर

हर सुबह
बहती धूप को देखा
चाहा भर लूँ बाँहों में इसे
हर बार धूप सामने से फिसल गई।
खुली बाँहों में बुझी छायाएँ लटका कर

हर सुबह
अज्ञात दिशाओं की ओर भागती
सागर की लहरों को पुकारा
लेती आना उधर से कुछ नई हवाओं को
हर दूसरी सुबह देखा
मेरे तट पर वे एक लाश रख गई हैं।

टूटे पंखों का ताज सिर पर पहने
बुझी छायाएँ चमगादड़ों सी
बाँहों में लटकाये
पीठ पर मुरदों का बोझ लादे
भटक रहा हूँ रात की वीरान गहराइयों में
कहाँ के लिए...किस के लिए...
मुझे नफरत है अब, सुबह की
उड़ती चिड़ियों से

बहती धूप से
अज्ञात दिशाओं की ओर भागती लहरों से
हर पेड़ की हर डाल पर एक लाश लटकी हुई है
हर सिर के ऊपर टूटे पंखों का एक घोंसला है
हर फूल के भीतर क्लोरोफॉर्म की बास छटपटा रही है।
और लगता है अँधेरा मेरा घर है।
जहाँ इतने सगे-सम्बन्धी मुझे बुला रहे हैं
स्टेशन के अँधेरे में एक ट्रेन खड़ी है।
देर से सूँ-सूँ रोती हुई
काली पोशाक से लिपटी एक आकृति

हाथ में हरी लालटेन लिये दौड़ रही है।
उसके सिर पर काले तालाब की तरह
अन्धकार हिल रहा है
और हाथ में हरी रोशनी...
गाड़ी झक-झक कर के चल पड़ती है
और रास्ते का अथाह अन्धकार
फटता चला जाता है

मुझे लगता है मेरे हाथ में भी
एक हरी लालटेन आ गई है।
मेरे सिर पर टूटे पंखों का ताज है
बाँहों में बुझी छायाएँ लटकी हैं
पीठ पर लाशें बँधी हैं
मगर हाथ में एक हरी रोशनी है
जो दूर-दूर जाती हुई गाड़ियों के
आगे
बिछी जा रही है।

(9.10.1963)

कविता का आकाश विस्तृत हो गया है

फूलों, पत्तों, काँटों के रंग और कोण घिस गए हैं
सारे मौसम एक हो गए हैं—सख्त और सपाट
हर कविता अपने जन्म के लिए एक मौसम चाहती है।
समय की सपाट धरती पर
न फसल उग सकती है, न कविता
उस पर केवल मशीनें दौड़ सकती हैं
हर क्षण, हर मोड़ पर एक ही आवाज उगलती हुई
एक ही धूल और एक ही धुआँ फेंकती हुई।

संसद हो या सड़क
गाँव हो या शहर
भय हो या क्रोध
व्यवस्था हो या विरोध
प्यार हो या हत्या
सब पर ही घिसा हुआ विराट मौसम बिछा हुआ है
और एक घरघराती मशीन दौड़ रही है।
खरगोश का एक बच्चा
घबरा कर एक झाड़ी में दुबक गया है
एक नन्हा-सा पंछी
गाना बन्द कर
अपने घोंसले में से सिर निकाल कर सहमा-सा ताक रहा है
जंगल के रंग-बिरंगे पेड़

धूल पहन कर एक हो गए हैं।
और अपनी खोयी हुई पहचान पर बात करने से डरते हैं।
पर्वत अपने-अपने झरनों के शोर भीतर दबाये
इस उड़ती हुई धूल और आवाज में समा गए हैं

एक विराट अस्तित्व...
बादल और धुएँ का फासला टूट कर गिर पड़ा है एक चट्टान पर
और हम कहते हैं कि
कविता का आकाश विस्तृत हो गया है...।

(1975)

लौट आया हूँ मेरे देश

लो मैं लौट आया मेरे देश
फिर लौट आया हूँ
जानता हूँ
लौटकर मैं फिर उन्हीं रास्तों से भटकूँगा अपनी खोज में
फिर अपने को बाजार के बीच ले जाकर खड़ा कर दूँगा
फिर अपनी पीठ पर भारी कदमों की आहट महसूस करूँगा
फिर झुके हुए फटे आसमान को कंधे पर बिठाऊँगा
और ढोता रहूँगा रात-दिन
फिर खाइयों और खंदकों की पीड़ा से फटती आँखों को
आँखों में उतारूँगा
फिर चमकीले साँपों के विष से दंशित
एक-एक क्षण को पिऊँगा
और तुम्हारे प्यार में जिऊँगा
तो भी मैं लौट आया हूँ मेरे देश।

आखिर जाता कहाँ?
मैं गमले का फूल तो नहीं
कि एक सुरक्षित कमरे से दूसरे कमरे में रख दिया जाऊँ
मैं तो एक पेड़ हूँ एक खास जमीन में उगा हुआ

आँधियाँ आती हैं
लूएँ चलती हैं
ओले गिरते हैं
पेड़ हहराता है, काँपता है
डालियाँ और फल-फूल टूटते हैं
लेकिन वह हर बार अपने में लौट आता है
ये हाँफते हुए गड्ढे...

ये काइयों भरे ताल...
ये टूटे हुए कुएँ...
ये ही सब मेरे हैं
लेकिन दूर के सागर पर मैं कब तक भटकता रहता
अपनी कटी-फटी धरती को छोड़कर
कब तक पराए आकाश में टँगा रहता?
यह धूल
यह रेत
ये खेत
ये कच्चे रास्ते
ये मिट्टी के मकान
मुझसे लिपटकर मुझे गंदा कर देते हैं
लेकिन इनसे छूटकर
चिकने पत्थरों के बीच कब तक जी सकता हूँ?
लौट आया हूँ मेरे देश
तुम्हारी मैली पगडंडियों से तुम्हारे पास।

तुम्हारी नदियों के पानी में झरती
रंग-बिरंगी परछाइयों का बहाव छोड़कर
मैं बार-बार परायी जमी हुई नदियों की ओर भटका
और भटक कर मस्त होते हुए लोगों को देखा

लेकिन मैं क्या करूँ मेरे देश
तुम्हारी परछाइयों का बहाव
अनजाने ही मेरे भीतर बहता रहा
मेरे भीतर की नदी बर्फ की तरह जम-जम कर भी
पिघलती रही
उसके भीतर लगातार एक धूप पलती रही
मैंने कितनी ही बार
पश्चिम दिशा में उड़ानें भरी
और बड़े गौरव से देखता रहा
बर्फ के स्तूपों की तरह अकेले अकेले वृक्षों को
जिनकी निस्पंद छाया में बैठे अलग-अलग लोग
जाँघें खुजलाते हुए मृत्यु का जाप कर रहे थे
और शंका से एक दूसरे की ओर देख लिया करते थे
लगता था
इनके चेहरों पर से कुछ भयानक युद्ध गुजरे हैं
जैसे किसी लम्बे इतिहास का पन्ना टुकड़ा-टुकड़ा हो गया है
और हर टुकड़ा अपनी जगह चिपका हुआ
धीरे-धीरे फड़फड़ा रहा है लगातार बर्फ झर रही है
मैं कब तक ढोता इस ठहराव को?
इस ठहराव को तोड़कर मेरा बचपन उग आता था
"तालाब के किनारे बैठा हुआ मैं
देखता था
पतझर के झरते पत्तों को
जैसे उदासी का एक झरना झर रहा हो
कुहरे में से नहा कर निकलती थीं
पेड़ों की नंगी नंगी डालियाँ
और निखरते हुए जल के दर्पण में रह-रहकर झाँकती थीं
मुझे लगता था कि
ताल के कीचड़ में कुछ हिल रहा है

आसमान के ठंडे सन्नाटे में कुछ खिल रहा है
जैसे मैं इन सबकी प्रतीक्षा कर रहा हूँ
और एक दिन देखता था
तालाब लाल-लाल कमलपत्रों से भरा हुआ है
आकाश में खुलती धूप में
रंग-बिरंगे पंख उड़ रहे हैं
नंगी डालियों पर लाल-लाल पत्ते बिछे हैं
एक जीवन दूसरे जीवन की आँच से जुड़ता
और वसंत आ गया है"
मैं बर्फ के मकानों में
चला गया है
बिजली की आँच तापता हुआ कब तक रह सकता था?
मैं बार-बार अपने कीचड़ से भागकर बर्फ की ओर गया।
लेकिन लगा कि
मैं कीचड़ के साथ वसंत भी खोता जा रहा हूँ।
तुम्हारी उपजाऊ मिट्टी में
तुम्हारे सपूतों ने बो दिये हैं जहरीले काँटें और पत्थर
और नालायक बेटे
बीच-बीच में
हलों की नोक से उगाते हैं सम्बन्ध
मैंने बार-बार केवल जहरीले काँटों और पत्थरों को देखा।
उनके बीच-बीच उगते सम्बन्धों को नहीं
और इस मिट्टी को कोसता हुआ उससे भागता रहा।
एक अस्वीकार में सो कर दूसरे अस्वीकार में जागता रहा
मैंने क्यों नहीं स्वीकार किया
कि कोई मेरे लिए कपड़े बुनता है
कोई छाँहें चुनता है कोई अन्न उपजाता है
कोई कागज और कलम गढ़ता है।
कोई समुद्र में उतरता है

कोई पहाड़ पर चढ़ता है
और मैं?
सिर्फ कागज गोंजता हूँ और अस्वीकार करता हूँ
और जब-जब मैं अपने से प्रश्न करता हूँ।
तब-तब लौट आता हूँ तुम्हारे पास मेरे देश
आज फिर लौट आया हूँ।

(1973)

वह इसी मौसम में आता है

मुझे मालूम है
वह इसी मौसम में आता है
अपने-आप
जंगलों-जंगलों दौड़ता है
नदियों के ठहरे पानी में
पतली-सी बहती आग जला देता है
जिसमें से उगने लगती हैं वनस्पतियाँ
फूल-फूल पर ठहरा कर धूप पीता है।
सुबहों के जल में से नहाकर निकलता है
हवाओं में फैला देता है सुगन्धित आभाओं के रेशमी वस्त्र
दोपहरों को अपने में खो जाता है देर तक
शामों को अलाव की तरह दहका देता है।
जिनकी लपटों को
दूर-दूर तक का सुनसान तापता है।
उसकी आँखों में ठहर जाता है रह-रहकर
रंगों का एक हिलता हुआ समुद्र
उसके स्पर्श से पहाड़ भी काँपता है।

मुझे मालूम है
वह इसी मौसम में आता है
मैं हर बार सोचता हूँ
कि चलूँ मिलूँ उससे
उससे तो मेरा बचपन का नाता है।
और मैं देखता हूँ
मेरे आस-पास बिखरे हैं कागज ही कागज
जिन्हें सुबह से शाम तक समेटता हूँ

समेटते-समेटते बीत जाते हैं
पल
घड़ी
पहर
दिन
महीने
और कुछ भी समेट नहीं पाता
एक दिन यह सब कुछ बिखरा हुआ छोड़कर
उसके पास जाने को तैयार होता हूँ
तो मालूम होता है मौसम बीत चुका है
और फिर अगले मौसम के इन्तजार में
कागजों में खो जाता हूँ
जानता हूँ
वह फिर आएगा

और मैं फिर नहीं जा पाऊँगा कागजों के पार
लेकिन मेरे जीने के लिए यह बोध भी कम तो नहीं
कि वह मुझसे छूटा नहीं है
मैं उसे देखूँ या न देखूँ
उसके आने का सिलसिला कभी टूटा नहीं है।

(1974)

कहाँ आ गया हूँ मैं

यह मेरा गाँव नहीं
कहाँ आ गया हूँ मैं!

मेघों पर मेघों के साये
कौन किसे कहे स्वर उठाये
दुहराता हूँ मन में वर्षों
पहले जो गीत गा गया हूँ मैं।

शब्दों पर शब्दों के चेहरे
अर्थों पर अर्थों के पहरे
पढ़ा नहीं जाता वह श्याम पट
अक्सर जिस पर लिखा गया हूँ मैं।

टूटे पेड़ों का सन्नाटा
उग रहा हवाओं में काँटा
पक्की दीवारों के नीचे
मिट्टी-सा दबदबा गया हूँ मैं।
कहाँ आ गया हूँ मैं!

काँटे झरबेर के

काँटे झरबेर के
उगते हैं आँखों में
ऊँची नजरों में खोटे हैं
लेकिन कल कहाँ होंगे
पता नहीं

शायद हम बैठकर तुम्हारे शिखरों पर
फिर अपने थके पाँव खोलेंगे
पंख फड़फड़ाएँगे
नई चढ़ानों के लिए
नई उड़ानों के लिए।

(1977)

चिड़ियाघर

भालू हाथ जोड़कर मूँगफली माँगता रहा
पाने पर एक लम्बा-सा सलाम दागता रहा
बन्दर उछलते-कूदते रहे
किलकिलाते रहे
चने के दाने बीन-बीन खाते रहे
हाथी हौदे से सजधज कर
पीठ पर बच्चों को घुमाता रहा
और अंकुश के नीचे गजराज कहाता रहा
गैंडा नाले के पार
मस्ती से घास खाता रहा
दर्शकों को देखकर थूथुन हिलाता रहा
लेकिन इस शेर को क्या हुआ
पिंजड़े में चुपचाप बैठा रहा
दर्शक तालियाँ बजाते रहे
किन्तु वह अपने में खोया
अपमान से ऐंठा रहा
एक ने कंकड़ फेंका, एक ने गाली दी
एक ने सीटी मारी, एक ने ताली दी
शेर ने आहत चेहरा उठाकर

एक बार देखा
लोगों की सहमी निगाहों तक
खिंच गई एक जलती-सी रेखा
फिर एक जँभाई लेकर भीतर चला गया
जैसे भीड़ से कह गया हो
ओ लीलाधर्मी महान आत्माओ,
तमाशा देखने शेरों के पास नहीं जाया करते
जाओ, सर्कस के जोकरों के पास जाओ!

(1976)

वसंत

कोयल से मैंने कहा
गाओ
कुछ सन्नाटा कटे
वह चुप रही।

मैंने कहा
मेरे पास आओ
कुछ सन्नाटा कटे
वह डाल पर बैठी रही।

मैंने कहा
अच्छा सुनो मैं ही गाता हूँ
उसने सहमी निगाहों से चारों
ओर देखा और एकाएक उड़ गई...।

(1975)

बाहर तो वसंत आ गया है

बन्द कमरों में बैठकर
कब तक प्रतीक्षा करोगे वसंत की?
सुनो
वसंत लोहे के बन्द दरवाजों पर हाँक नहीं देता
वह शीशे की बन्द खिड़कियों के भीतर नहीं झाँकता
वह सजी हुई सुविधाओं की महफिल में
आहिस्ता-आहिस्ता आने वाला राजपुरुष नहीं है
और न वह रेकार्ड है
जो तुम्हारे हाथ के इशारे पर
तुम्हारे सिरहाने बैठकर गा उठेगा

बाहर निकलो
देखो,
बन्द दिशाओं को तोड़ती
धूल भरी हवाएँ बह रही हैं
उदास लय में झरते चले जा रहे हैं पत्ते...
आकाश में लदा हुआ लम्बा-सा सन्नाटा
चट्टान की तरह यहाँ-वहाँ दरक रहा है
एक बेचैनी लगातार चक्कर काट रही है
सारे ठहरावों के बीच
जमी हुई आँखें अपने से ही लड़ती हुईं
अपने से बाहर आना चाहती हैं।
आओ गुजरो इनसे तब तुम्हें दिखाई पड़ेंगी
धूल भरी हवाओं के भीतर बहती
रंगों की छोटी-छोटी नदियाँ
पत्तियों की उदास लय में से उगता
नए हरे स्वरों का एक जंगल

नंगे पेड़ों के बीच कसमसाता
लाल-लाल आभाओं का एक नया आकाश
चट्टानों को तोड़-तोड़कर झरने के लिए आकुल
प्रकाश के झरने
कँपकँपाती आँखों के बीच तैरती
अनंत नई परछाइयाँ।
तुम कब तक प्रतीक्षा करते रहोगे वसंत की
बन्द कमरों में
तुम्हें पता नहीं
बाहर तो वसंत आ चुका है।

(1977)

नदी बहती है

हमेशा आकाश से झरती है एक नदी
और हमेशा ऊपर ही ऊपर कोई पी लेता है
धरती प्यासी की प्यासी रहती है
और कहने को आकाश से नदी बहती है।

(28.7.1977)

कलम

हमारे हाथ में सोने की नहीं
सरकंडे की कलम है।

सरकंडे की कलम
खूबसूरत नहीं, सही लिखती है
वह विरोध के मंत्र लिखती है
प्रशस्तिपत्र नहीं लिखती है।
हम कठघरे में खड़े हैं, खड़े रहेंगे
और कठघरे में खड़े हर उठे हुए हाथ को
अपने हाथ में ले लेंगे
राजा कौरव हों या पांडव
हम तो सदा वनवास ही झेलेंगे।

(29.7.1977)

पता

चारों ओर काँटों का जंगल है
और भीतर कहीं
एक डरी हुई लता है।
जाओ, चले जाओ
यही उसके घर का पता है।

(5.1.1980)

चूहे

सावधान
चूहे फिर उतरा गए हैं सड़क पर

जल्दी ही घरों में प्रवेश करेंगे
अपनी-अपनी किताबें सँभाल लो
ये गोदाम या तिजोरी नहीं काटते
केवल किताबें काटते हैं
क्योंकि उनमें इनसे बचने
या मारने के उपाय लिखे होते हैं।

(27.5.1980)

इन्तजार

हर चौराहे पर
दुर्घटनाग्रस्त होकर तड़प रहा है एक देश
और हम
पुलिस का इन्तजार कर रहे हैं!
डॉक्टर के बदले

(30.5.1980)

अस्पताल

डॉक्टर हड़ताल पर हैं,
और पुलिस ड्यूटी पर,
देखिए, इस अस्पताल का क्या होता है!

(30.5.1980)

दिन

हवाएँ चिल्लाती रहीं
सूरज अपने घोड़ों पर चाबुक बरसाता रहा
कुत्ते भूँकते रहे
मशीनें रह-रहकर धक्का मारती रहीं
लेकिन नहीं हिला चट्टान-सा यह दिन
तभी एक फूल कहीं खिलकर मुस्करा पड़ा
और न जाने क्या हुआ कि
दिन थरथराकर भीतर से पिघलने लगा
और धीरे-धीरे एक नदी बन गया।

(7.11.1980)

कल्पवृक्ष

यह राजधानी है
यहाँ स्वर्ग जाने के लिए क्या नहीं है
कुर्सी है
कनाट प्लेस है
अँगरेजी है
और यमुना का पानी है।

(16.1.1978)

मुहावरे

मैंने उससे कहा
"आप अजीब हैं

आप पर पत्थर गिर रहे हैं और आप हँस रहे हैं।"
उसने कहा, "आप कैसे बावरे हैं
देखते नहीं
ये पत्थर नहीं, पत्थरों के मुहावरे हैं।"

(12.2.1979)

परिणति

हम रास्ते में साथ थे
खेतों और जंगलों से गुजर रहे
फूलों और मौसम के बीच
आदमी के दर्द और प्यार की बातें करते रहे
मगर ज्यों ही शहर में आए
न जाने क्या हुआ कि
अपने-अपने दरबों में खड़े होकर
एक-दूसरे से तन गए
देखते-देखते आदमी सम्प्रदाय बन गए।

(6.11.1980)

कविता का जन्म

आजकल
सोते-सोते जागता हूँ
जागते-जागते सोता हूँ
कहीं होकर भी वहाँ नहीं होता हूँ

वाचाल भाषा
गर्भिणी युवती की तरह
अपनी ही आभा के भार से भर जाती है
आँखें दृश्यों से होकर
हो जाती हैं दृश्यों के पार
टूटे हुए रास्तों में
जुड़ जाता है संवाद
अपने ही भीतर कुछ खोया हुआ आता है याद
चारों ओर के अवकाशों में
कुछ थर्राने लगता है
सन्नाटा भी धीरे-धीरे गाने लगता है
मैं भूल जाता हूँ
अपना नाम, ग्राम और वल्दियत
और रह जाता हूँ
हवा में खोयी खुशबू की तरह आदमी की पहचान
आँधी के खिलाफ
छोटे-छोटे पौधे तन जाते हैं
मार खायी आँखों के आँसुओं में
धीरे-धीरे आग के चित्र बन जाते हैं।
क्या मेरे भीतर किसी कविता का जन्म हो रहा है?

(4 दिसम्बर, 1985)

चिड़िया

चिड़िया उड़ती हुई कहीं से आई
बहुत देर तक इधर उधर भटकती हुई
अपना घोंसला खोजती रही

फिर थक कर एक जली हुई डाल पर बैठ गई
और सोचने लगी
आज जंगल में कोई आदमी आया था क्या?

(25 नवम्बर, 1985)

जुलूस

चलो चलो जुलूस आ रहा है
उठो उठो जुलूस आ रहा है
बोलो बोलो धर्म की जय बोलो
उठो उठो जुलूस के साथ हो लो
जुलूस में एक उन्माद है
लोग नाच रहे हैं, गा रहे हैं
विधर्मियों के नाश के नारे लगा रहे हैं।
आगे आगे रथ पर सजे धजे
चल रहे हैं ऊपर वाले के बेटे
जिनकी जिन्दगी बीत रही है
माया की सेज पर लेटे लेटे
खेतों, कारखानों में व्यस्त खुरदरे हाथ
थोड़ा रुकते हैं
और उनमें झंडे थमा दिये जाते हैं
जुलूस आ रहा है
अन्न की तलाश में भटकती भूख से फटी आँखें
पल भर जुलूस को देखती हैं कि उनमें धर्म की पिचकारी
मार दी जाती है
जुलूस आ रहा है
इंसान के खुले चित्र बनाते बनाते

किशोर चौंक कर देखते हैं
और उनके चित्रों को छीन कर
उनमें दीवार की तरह अनेक लकीरें भर दी जाती हैं
और उन्हें जुलूस में खींच लिया जाता है
चलो चलो जुलूस आ रहा है
बहस मत करो
देखो बहस करने वालों की जीभ
कटी हुई है
और उनके सिरों में से भेजे
निकाल लिये गए हैं

मुक्त होने की चेष्टा मत करो
देखो कुछ झंडों के रूप में
पंख-विहीन पंछी टँगे हैं
और कुछ मृग-शावकों को
रथों में जोत दिया गया है
उठो उठो धर्म की जय बोलो
चलो चलो जुलूस के साथ हो लो

हाँ जुलूस जा रहा है
रास्तों को रौंदता
फसलों को कुचलता
घरों को तोड़ता-फोड़ता
रथों पर बैठे हैं ऊँचे लोग
और लाखों फटेहाल लोग
रथ खींच रहे हैं
जिन्हें नहीं मालूम कि
यह जुलूस कहाँ जा रहा है?

(19 अप्रैल, 1987)

चिट्ठियाँ

लेटरबक्स में पड़ी हुई चिट्ठियाँ
अनन्त सुख-दुःख वाली अनन्त चिट्ठियाँ
लेकिन कोई किसी से नहीं बोलती
सभी अकेले-अकेले
अपनी मंजिल पर पहुँचने का इन्तजार करती हैं
कैसा है यह एक साथ होना
दूसरे के साथ न हँसना न रोना
क्या हम भी
लेटरबक्स की चिट्ठियाँ हो गए हैं।

(1 नवम्बर, 1982)

खाली हूँ मन भरा-भरा-सा

खाली हूँ मन भरा-भरा-सा।
फूला-फूला-सा यह मौसम, किन्तु हवाएँ टूट गई हैं
जाने किस पड़ाव पर फूलों की आवाजें छूट गई हैं
दिशा-दिशा से हाथ मिलाती
लेकिन भीतर डरा-डरा-सा।
शबनम को छूते डर लगता, फूट न पड़ें कहीं अंगारे
सपनों से आँखें डरती हैं, सपनों के ही पंख पसारे
यह क्या हुआ समय को
भीतर सूखा, ऊपर हरा-भरा-सा।
लौट गई है गाती चिड़िया, उड़ते गए धूप के फाहे
धूल-धुआँ अल्लम-गल्लम ले, आँगन में उतरे चौराहे

कितना बड़ा मिला जग हमको
लेकिन कितना मरा-मरा-सा।

(14 दिसम्बर, 1985)

वसंत

धन्य हो वसंत
कि थाने और जेलखाने ने भी
अपने आगे फूल उगा लिये।

(26 फरवरी, 1987)

कब तक

तुम्हारी एक आँख में पत्थर है, एक में पानी
एक हाथ में लुकाठी है एक में फूलदानी
एक ओर बहू है, एक ओर बेटी
एक ओर से छीनती हो
दूसरी ओर सरका देती हो दहेज की पेटी
एक ओर ना हो, एक ओर हाँ
एक ओर सास हो, एक ओर माँ
एक दिन रुलाती हो
एक दिन रोती हो
एक दिन छीनती हो
एक दिन खोती हो

औरत
तुम कितनी अजीब हो
तुम कब तक जीत के नाम पर हारती रहोगी
अपने को पहचानो
तुम्हीं बहू हो तुम्हीं बेटी हो
मर्द के इशारों पर
कब तक अपने से अपने को मारती रहोगी।

(5 जनवरी, 1986)

दिन डूबा

दिन डूबा अब घर जाएँगे।
कैसा आया समय कि साँझे
होने लगे बन्द दरवाजे
देर हुई तो घर वाले भी
हमें देख कर डर जाएँगे।

आँखें आँखों से छिपती हैं
नजरों में छुरियाँ दिपती हैं
हँसी देखकर हँसी सहमती
क्या सब गीत बिखर जाएँगे।

गली-गली औ कूचे-कूचे
भटक रहा पर राह न पूछे
काँप गया वह, किसने पूछा
"सुनिए, आप किधर जाएँगे?"

(15 जुलाई, 1987)

हाथ

तुम्हारे हाथ में
उनके लिए ईंट है, लोहा है, सीमेंट है, गारा है
उनके हाथ में
तुम्हारे लिए उठा हुआ एक खूबसूरत नारा है
हम हाथ में लेखनी लिये
कभी तुम्हें देखते हैं, कभी उन्हें
और तुम धीरे-धीरे
हमारी लेखनी में समाते चले जा रहे हो।

(5 नवम्बर, 1982)

हम पूरब से आए हैं

एक गाँव है अपना, पर है खेत न बारी
घर था टूटा निगल गई नदिया हत्यारी
बैठा है गुमसुम कछार झरते अकाल के साये हैं।

फटी-फटी आँखों में लादे भूख डरानी
बैठे होंगे खाली घर के सभी परानी
लेकर सबका दर्द आपकी नगरी में भरमाये हैं।

हल थे वहाँ जोतते करते थे बेगारी
यहाँ खींचते रिक्शा ढोते पत्थर भारी
यहाँ रहें या वहाँ रहें हम तो जैसे चौपाये हैं।

खेतों में सोते थे वहाँ न थे जो अपने
फुटपाथों पर यहाँ लेटते जलते सपने
धरती के ही रहे किसी के हम अपने न पराये हैं।

(12 अक्टूबर, 1987)

आग

आग कुछ नहीं बोलती
वह अपने को समेट कर
चुपचाप माचिस की डिबिया में पड़ी होती है
और प्रतीक्षा रहती है
किसी गृहिणी के हाथों की
जो उसे
गरम-गरम रोटी में बदल देगी
ढाल देगी अगरबत्ती की सुगन्ध में
और अँधेरे के सैलाब में
फूलों के बन्दनवार-सी टाँग देगी
यहाँ से वहाँ तक

उसे प्रतीक्षा रहती है
उन खुरदरे हाथों की
जो उसे दहकाकर शक्ल दे देंगे
हसिया की, कुदाली की
लोटे की, थाली की
रेलगाड़ी की, जहाज की
सन्नाटे में से उठने वाली आवाज की
आग कुछ नहीं बोलती

वह सोयी रहती है पेड़ों के भीतर
उसकी लाली-सी

और प्रतीक्षा रहती है वसंत की
जो उसे छूकर
लहका देगा अनन्त रंगों के फूलों में
और जमीन धीरे-धीरे
फलों और फसलों से कसमसाने लगेगी
जिन्दगी का गीत गुनगुनाने लगेगी

आग सोयी रहती है
बच्चों के ओठों में
जब कोई साथी क्षण गुदगुदाकर
उसे जगा देता है
तो दूधिया हँसी बनकर फैल जाती है
भीगे ओठों पर
मासूम आँखों में

कैसा लगता होगा उसे
जब कोई हाथ
उसे जगाकर डाल आता होगा
या झोंक देता होगा
असहाय झोंपड़ियों के बीच
भरे-पूरे खेतों में, खलिहानों में
कैसा लगता होगा
जब उसे किसी गोले में बाँधकर
सभ्य हाथों द्वारा
फेंक दिया जाता होगा
अनंत जन-प्रवाह के बीच

अपनी इच्छा के विरुद्ध धधकने के लिए
हँसती-गाती जिन्दगियों को निगलने के लिए

तिड़-तिड़, तड़-तड़, धड़-धड़, धड़ाम-धड़ाम
वह चबाती चली जाती होगी
घास-फूस, लकड़ियाँ, पत्थर
बच्चे, जवान, बूढ़े
हँसी, खुशी, सपने, भविष्य
सब कुछ चबा चुकने के बाद
खामोश होकर
सुबक सुबक कर रोती होगी
उसने यह क्या किया?
लेकिन उसने कहाँ किया
उसका अपने पर वश कहाँ है
वह तो केवल ताप है
जहाँ रखी जाएगी, जलाएगी

उसे तो प्रतीक्षा रहती है
गृहिणी के हाथों की
कारीगर के हाथों की
वसंत के हाथों की
बच्चों के साथी क्षणों की

(10 अप्रैल, 1991)

कंकड़ी

चारों ओर का जल समेट कर
अगाध-बने

अपनी गहरी चुप्पियों में डूबे सरोवर,
तुम एकाएक थर्रा क्यों उठे?
मैंने तो एक छोटी-सी कंकड़ी फेंकी थी

(24 जनवरी, 1989)

आलोचक

जब वह गाँव से आया
तब वह कवि था
उसके शरीर में खेतों की चमक थी
और मन में मिट्टी की खुशबू
वह सही देखता था, सही कहता था
वह खुलकर हँसता था
और गंगा के पानी में घंटों बहता था
धीरे-धीरे उसमें से गाँव झड़ने लगा
वह गंगा की जगह
बन्द 'बाथरूम' में नहाने लगा
और नहाते-नहाते योजनाएँ बनाने लगा
"कब किस पर कितना कीचड़ उछाला जाये?"
धीरे-धीरे उसका सत्य हकलाने लगा
वह सोच-समझकर
नाप-तौल कर मुस्कराने लगा
उसके चेहरे पर आड़ी-तिरछी रेखाएँ उभरने लगीं
वह निरंतर अपनी तैयारी पर खुश होता गया
और उसे एक दिन लगा कि
अब महानगर उसमें एकदम तन गया है
और वह कवि से
एक आलोचक बन गया है।

(3 जनवरी, 1992)

एक-एक जा रहे सभी

एक-एक जा रहे सभी
मन बड़ा अकेला लगता है।

रंग-रंग के फूल खिले थे
चिड़ियों की क्या चहचह थी
दिशा-दिशा की भाषा बनती
मत्त हवा की महमह थी
चला जा रहा है वसंत
वन बड़ा अकेला लगता है।

कितनी छायाएँ झरती थीं
किरणें कुमकुम रचती थीं
थर्राती थी सतह स्वरों से
मुक्त वीचियाँ नचती थीं
बीत रहा है दिन
जल दर्पन बड़ा अकेला लगता है।

(3 अक्टूबर, 1991)

लगाव

उसने कविता में लिखा—'फूल'
तुमने उसे काटकर 'कीचड़' लिख दिया
उसने कविता में लिखा—'चिड़िया'
तुमने उसे काटकर 'गुरिल्ला' लिख दिया
और आपस में जूझने लगे

दरअसल तुम दोनों का
न फूल से कोई लगाव-अलगाव था
न चिड़िया से
तुम दोनों को
अपने-अपने अस्तित्व की चिन्ता सताती रही
और
तुम्हारी बहसों से बेखबर
मस्ती से फूल खिलता रहा
चिड़िया गाती रही।

(2 मार्च, 1989)

फूल कितना बोलते हैं

अजिर में शिशु-से नया रस घोलते हैं
ये अबोले फूल कितना बोलते हैं।

सुबह आँखों में इन्हें भर जागता हूँ
पास जा इनके खुला दिन माँगता हूँ
मुस्कराते हुए पलकें खोलते हैं।

थरथराकर समय वह चलता नदी-सा
हर महकता पल ठहर जाता सदी-सा
गंध-लिपि से शिलाओं पर डोलते हैं।

प्रिय विदा के लिए मुझको खींचते हैं
बाँधते हैं नहीं, आँखें सींचते हैं
साथ होने के लिए पर तोलते हैं।

(1 दिसम्बर, 1989)

घर

मेरे सामने की सड़क पर
रेत डाल गया है
रेत व्यापारी
मैं गेट पर खड़ा इस चिन्ता में मरा जा रहा हूँ कि
कल आँधी आएगी
तो यह रेत मेरे घर में समा जाएगी
सहसा देखता हूँ
मेरे बच्चे खुश होकर रेत पर खेल रहे हैं।
और उसमें घर बना रहे हैं।

(20 अप्रैल, 1992)

घर जल रहा है

कश्मीर जल रहा है।
पर्यटकों का स्वर्ग जल रहा है
राजनीतिज्ञों की राजनीति जल रही है।
धार्मिकों का धर्म जल रहा है
कलाकारों की कला जल रही है।
सभी सुरक्षित होकर
लीलाभाव से देख रहे हैं यह जलना
और अपनी-अपनी योजनाओं में खोये हुए हैं।

लेकिन हमारा तो घर जल रहा है
जलते हुए अपने घरों से भागकर
हम आ गए हैं इस अजनबी बस्ती में

और मुड़-मुड़कर, सहमी निगाहों से
अपने घरों का जलना देख रहे हैं
तुम क्या समझो हमारे रहनुमा
कि घरों का जलना क्या होता है
वह जलना होता है हमारे बचपन का
उसकी सारी यादों का
गली-मोहल्लों का
परिवार और पड़ोस के सम्बन्धों का
विद्यालयों और पुस्तकालयों का
पेड़-पौधों का
पशु-पक्षियों का
झीलों और सरोवरों का
सड़कों और पगडंडियों का
मौसमों और ऋतुओं का
धूप और हवाओं का
जिनसे हमारा बचपन
रूप लेता है, रस लेता है
गन्ध लेता है, स्पर्श लेता है
प्यार लेता है, सफलता लेता है
हँसी लेता है, आँसू लेता है
इनकी कोई जाति नहीं होती
इनका कोई सम्प्रदाय नहीं होता
ये हमें पर देते हैं
मनुष्यता के आकाश में उड़ने के लिए
इनके बिना हम कहाँ कुछ होते हैं,
हम यहाँ अपने सिरों पर गठरी-मुटरी उठाये हुए
देख रहे हैं।
केसर के रंग आग की लपटों में खो गए हैं
डल झील की शान्त लहरों में

जहर का ज्वार उमड़ रहा है
संगीत-भरी घाटियों में
विदेशी बन्दूकों का अट्टहास दहाड़ रहा है
गोल-मटोल शिशुओं की बड़ी-बड़ी आँखों में
भय की परछाइयाँ हिल रही हैं,
परियों के पंख झुलस गए हैं,
रास्ते दहशत में डूबे हुए खामोश पड़े हैं।
हम परायी बस्ती में आसरा खोज रहे हैं।
रहनुमाओं के रहम की भीख
हमारी फटी चादर पर चू रही है
और लाज के मारे हम सिर नहीं उठा पा रहे हैं।
अपने भविष्य की आँखों में
हम निरन्तर खानाबदोशी का डर देख रहे हैं
हम मुड़-मुड़कर
अपना जलता हुआ घर देख रहे हैं।

(8 मार्च, 1984)

हाथ

इस हाथ से मैंने
आगजनी पर कविता लिखी
दंगे पर कहानी
आरक्षण पर लेख लिखा
अयोध्या-प्रसंग पर टिप्पणी
आतंकवाद के विरुद्ध हस्ताक्षर अभियान चलाया
और कनॉट प्लेस में मानव शृंखला बनाई
सम्प्रदायवाद के विरोध में

लेकिन तुम कहाँ छिपे रहे भगोड़े
इस जलते समय में?
वह चुप रहा
और शायद मेरी चिकनी हथेलियाँ देखता रहा
फिर धीरे-धीरे अपने दोनों हाथ फैला दिये
वे झुलसे हुए थे
वह बोला
"मैंने एक जलते हुए मकान में से
एक बच्चे को बचाया था
फिर अस्पताल में पड़ा रहा।"

(29 मई, 1993)

यह किसका घर है

"यह किसका घर है?"
"हिन्दू का।"
"यह किसका घर है?"
"मुसलमान का।"
"ईसाई का।"
शाम होने को आई
सवेरे से ही भटक रहा हूँ
मकानों के इस हसीन जंगल में
कहाँ गया वह घर
जिसमें एक आदमी रहता था
अब रात होने को है
मैं कहाँ जाऊँगा?

(10 सितम्बर, 1993)

शब्द

उसने तुम्हें शब्द दिये
तुम शब्दों को सजाते गए नुमाइश की तरह
और स्वयं शब्द बनते गए
वह मूक देखता रहा
तुम कब पहुँचते हो
उसके समुद्र से मन
और बादल-सी आँखों तक
नदियों की तरह बहते दर्द
और हवाओं की तरह उड़ते
उसके सपने की पाँखों तक।

(2 जनवरी, 1993)

उत्तर आधुनिकता

उसने कहा—
"कविता वापस लौट रही है।"
और कविता की जगह
वह जाते-जाते स्वयं लौट आया
उसने कहा—
"यथार्थ अब जादुई हो रहा है।"
और उसका चुकता हुआ जादू
फिर एक बार यथार्थ बनकर मुस्करा पड़ा
उसने कहा—
"अब सत्य को जोड़कर नहीं

तोड़कर कहा जा सकता है"
और उसका टूटता हुआ सत्य-भ्रम
फिर जुड़ने लगा
वह न जाने और क्या-क्या कहता कि
बीच में ही एक श्रोता चिल्ला उठा
बस भाई बस,
तुम्हारी हिलती हुई कुर्सी को जमाने के लिए
इतना मसाला काफी है।"

(22 अप्रैल, 1992)

बारिश में भीगते बच्चे

इतनी झपटीदार घनी बारिश में
तुम छाता तानकर निकले हो तो
छाता को उलटना ही था
इस बारिश से बचने के
दो ही रास्ते हैं दोस्त
या तो मुक्त मन से उसके साथ हो लो
या घर से निकलो ही नहीं
उसके नीचे आकर
अपने को बचाने के चक्कर में
न बच पाओगे
न उसका सामना कर पाओगे।

मैंने उधर इशारा किया
जिधर बच्चे
बारिश में भीगते हुए

उससे खेल रहे थे
और उन पर गिरती बूँद-बूँद
उनमें नई चमक भर दे रही थी।

(24 सितम्बर, 1993)

कहाँ हैं हत्यारे?

वह मंच से ललकार रहा था
"साथियो
यह आँसू का नहीं, आग का समय है
फेंक दो वे कायर शब्द
जो आँखों को तरल बनाते हों
उठा लो वे तेजाबी शब्द
जो कलेजे में फौलादी आग दहकाते हों।"
लोग निस्पंद सुनते रहे
और उठ उठ कर जाते रहे
सड़क पर एक भटका हुआ छोटा बच्चा
रो रहा था—बदहवास सा
"क्या हुआ, क्या हुआ?"
"लोग धीरे-धीरे उसके पास जुट आए"
"हत्यारे ए ए...!"
"कहाँ हैं हत्यारे?"
उधर-उधर...
बापू को मार कर माई को उठा ले गए।
और मुझे फेंक दिया नदी के किनारे।
"लोगों की आँखों में आँसू भर आए
और धीरे-धीरे वे आँसू अंगार में बदलने लगे

कहाँ हैं हत्यारे, कहाँ हैं हत्यारे? "
कहते हुए लोग उनकी खोज में निकल पड़े
आग का मसीहा
मंच से सरक गया था चुपचाप।

(12 मार्च, 1997)

चप्पल

किस बच्चे की यह नन्ही-सी चप्पल पड़ी है आँगन में?
बाजार में तो वह वस्तु होती है
लेकिन घर आते ही व्यक्ति बन जाती है
उस पर अंकित हो जाता है
किसी पाँव का नाम
और न जाने कितने आत्मीय स्पर्श
भर जाते हैं किसी के सुख-दुख के

हाँ, किसकी चप्पल है यह?
देर तक निहारता रहा
फिर धीरे-धीरे उसमें से उभरने लगी
एक शरारती शक्ल हँसती खिलखिलाती-सी
आँखें डबडबा आय
महीना भर हो गया उसे गए हुए
और यह चप्पल
उसकी प्रतीक्षा में भटक रही है।
घर में उदास उदास...।

(2 सितम्बर, 1997)

नन्हे-नन्हे पाँव

नन्हे-नन्हे पाँव डगर पर चलना सीख रहे हैं।

पता न उनको मंजिल का है, पथ की खबर नहीं है
निकले हैं बस यों ही घर से, कोई सफर नहीं है
पले गोद में हैं अब भू पर पलना सीख रहे हैं

बस मन में है महक प्यार की, सब जैसे अपने हैं
आँखों में जिज्ञासा के पलते अनंत सपने हैं।
निकल छाँह से घर की, बाहर जलना सीख रहे हैं

पता नहीं कल कौन नदी-सा किधर कहाँ जायेगा
किसके गीत फसल गायेगी, कौन कहर ढायेगा
अभी आँच में चुप-चुप हिम-सा गलना सीख रहे हैं।

(30 मई, 1998)

सवाल

लोग लोगों की सीढ़ियाँ बना कर
चढ़ते रहे, ऊपर ऊपर और ऊपर
वे इसी तरह अनवरत एक से
एक कमाल करते रहे
और हम जीवन भर कुछ नहीं कर सके
केवल अपने से सवाल करते रहे।

(10 सितम्बर, 1998)

इच्छा

न मुझे कोठी चाहिए
न बँगला चाहिए
हे प्रभो
जिस किसी घर में रहूँ
मुझे एक खुला-खुला-सा जँगला चाहिए

(12 सितम्बर, 1998)

प्यार

कुछ फूल, कुछ काँटे
हमने आपस में बाँटे
यात्रा के हर मोड़ पर हमने
एक दूसरे का इन्तजार किया है
हाँ, हमने प्यार किया है।

(10 सितम्बर, 1998)

बार-बार बाँसुरी

बार-बार बाँसुरी बजाओ न पिया
लहरों के पार से बुलाओ न पिया।

गाते हो तुम कि मेरा मन है गमगमा रहा
लगता है जैसे कुछ प्राण में समा रहा
सपनों से मन को गुहराओ न पिया।

जूही-सी रात यह खिले कि न खिले कभी
बाँहों से बाँह यह मिले कि न मिले कभी
सागर में ज्वार यह उठाओ न पिया।

गाते हो नदिया के पार वहाँ रेत में
बहती हूँ मैं अपने सागर से खेत में
फसलों को मेरी भरमाओ न पिया।

अपनी दुनिया में मैं मस्त हूँ जवान हूँ
फागुन की गेहूँ हूँ सावन की धान हूँ
बिरहा की जोगिनी बनाओ न पिया।

(1953)

रच रेती पर

रच रेती पर चित्र पवन से
चले गए वे दिन उन्मन से।

कमल-पत्र पर मरी मछलियाँ
रखकर चली गई जल-परियाँ
उतर रहे हैं गिद्ध गगन से।

जाती किरणों से जुड़ते से
चले गए पंछी उड़ते से
लौटे टूटे पंख विजन से।

बार-बार लहरें बन भाटा
लौट गईं रख कर सन्नाटा
अब डरता तट स्वप्न-सृजन से।

नदियाँ कहाँ चली जाती हैं

छोड़ हमें प्यासा का प्यासा नदियाँ कहाँ चली जाती हैं?

उठती गिरती, हँसती-गाती लहरें आतीं बह जाती हैं
छूटी हुई रेत पर आँखें मौन ताकती रह जाती हैं
किसके लिए कहाँ जाता है, यह आता जाता-सा पानी
छोड़ हमें प्यासा-का-प्यासा नदियाँ कहाँ चली जाती हैं

पल-पल, दिन-दिन, मौसम-मौसम नए राग लेकर आता है
हम सामने खड़े रह जाते, जाने किसको गुहराता है
किसके लिए घूमता लेकर समय ढेर-सा यह अपनापन
रह जाती आवाज गूँजती, सदियाँ कहाँ चली जाती हैं?

(1977)

एक दीवार थी ढह गई

थरथरा कर शिला रह गई
जाने क्या ये हवा कह गई

एक खुशबू है पागल हुई
साँस में हर, नदी बह गई

बीच में घर के उसके मेरे
एक दीवार थी ढह गई

ख्वाब में धूप ने दी सदा
रात क्या-क्या नहीं सह गई

आज क्या हो गया डाल को
देखते-देखते दह गई

पंख चिड़िया के फिर खुल गए
देखिए, यह गई वह गई

(1 नवम्बर, 2000)

छोड़ जाऊँगा

छोड़ जाऊँगा
कुछ कविताएँ, कुछ कहानियाँ, कुछ विचार
जिनमें होंगे
कुछ प्यार के फूल
कुछ तुम्हारे, उसके दर्द की कथाएँ
कुछ समय-चिन्ताएँ

मेरे जाने के बाद ये मेरे नहीं होंगे
मैं कहाँ जाऊँगा, किधर जाऊँगा

लौटकर आऊँगा कि नहीं
कुछ पता नहीं
लौटकर आया भी तो
न मैं इन्हें पहचानूँगा, न ये मुझे
तुम नम्र होकर इनके पास जाओगे
इनसे बोलोगे, बतियाओगे
तो तुम्हें लगेगा
ये सब तुम्हारे ही हैं
तुम्हीं में धीरे-धीरे उतर रहे हैं
और तुम्हारे अनजाने ही तुम्हें भीतर से भर रहे हैं
मेरा क्या
भर्त्सना हो या जय-जयकार
कोई मुझ तक नहीं पहुँचेगी।

(3 जुलाई, 1999)

पिता तुम्हारी आँखों में

जाने क्या-क्या देखा पाया पिता तुम्हारी आँखों में।

फटेहाल बचपन था मेरा हँसती हुई उदासी-सा
भूखा-प्यासा दिन आता-जाता था अपने साथी-सा
लगता था मैं हूँ भर आया पिता तुम्हारी आँखों में

कहाँ-कहाँ से तुम आते थे थके हुए तन में मन में
एक बेबसी चुप-चुप आकर सो जाती थी आँगन में
हिलता था रातों का साया पिता तुम्हारी आँखों में

भहराकर गिरती थीं जल में घर की दीवारें कच्ची
नंगा हो उठता था आँगन, रोते थे चूल्हा-चक्की
कैसी थी भादों की छाया पिता तुम्हारी आँखों में

सन्नाटे को तोड़ महक-सा प्यार तुम्हारा बहता था
ठंडे होंठों पर गीतों का उत्सव जगता रहता था
फागुन ने था हाट लगाया पिता तुम्हारी आँखों में

चलते-चलते चू पड़ता है कोई भी आँसू उर में
मौसम-मौसम गाता-सा लगता है क्यों मेरे सुर में?
क्या यह सब कुछ रहा समाया पिता तुम्हारी आँखों में?

(21 अगस्त, 1999)

आओ बात करें

पथ सूना है, तुम हो हम हैं, आओ बात करें।

गुमसुम-गुमसुम-सा है मन, आँखें खोयी-खोयी
दिशा-दिशा चुप्पियों बीच लगती सोयी-सोयी
देखो गई हवाएँ थम हैं, आओ बात करें।

अपनी-अपनी गठरी ले क्या अलग-अलग चलना
खोल कहीं दो पल हँस लेना, फिर घंटों जलना
खुशियाँ थोड़ी ढेरों गम हैं, आओ बात करें।

कहते-सुनते सुनते-कहते दिन कट जाएँगे
हँसी हँसी से, आँसू से आँसू बँट जाएँगे
साथ सफर की घड़ियाँ कम हैं, आओ बात करें।

पता नहीं चलते-चलते कब कौन बिछड़ जाए
कौन पात कब किस अंधी आँधी में पड़ जाए
अभी समय की आँखें नम हैं, आओ बात करें।

(17 अगस्त, 1999)

कला

समाज उसके लिए रंगमंच है
और कला उसकी मेधा की क्रीड़ा है
वह कलाकार होने के साथ मनुष्य भी है।
कहना कितनी बड़ी पीड़ा है

(1 जनवरी, 1999)

आम के पत्ते

वह जवान आदमी
बहुत उत्साह के साथ पार्क में आया
एक पेड़ की ढेर सारी पत्तियाँ तोड़ीं
और जाते हुए मुझसे टकरा गया
पूछा—
"अंकल जी, ये आम के पत्ते हैं न?"
"नहीं बेटे, ये आम के पत्ते नहीं हैं।
"कहाँ मिलेंगे? पूजा के लिए चाहिए।"
"इधर तो कहीं नहीं मिलेंगे
हाँ पास के किसी गाँव में चले जाओ।"
वह पत्ते फेंककर चला गया

मैं सोचने लगा
अब हमारी सांस्कृतिक वस्तुएँ
वस्तुएँ न रहकर
जड़ धार्मिक प्रतीक बन गई हैं
जो हमारे पूजा-पाठ में तो हैं
किन्तु हमारी पहचान से गायब हो रही हैं।

(17 जनवरी, 2002)

नंगे

"वे तुम्हारे दुश्मन हैं क्या?"
"नहीं तो, वे तो मेरे साथी हैं।"
"फिर तुमसे खफा-खफा से क्यों हैं?
"मैंने उन्हें नंगा देख लिया है।"
"नंगा तो मैंने भी उन्हें देखा है।
"लेकिन तुम देखकर भी चुप रहे
और उन्हें नंगा होने की शह दी है
लेकिन मैंने उन्हें नंगा देखकर
"तुम नंगे हो, बात कह दी है।"

(3 दिसम्बर, 2001)

पता नहीं

मैंने उन्हें रास्ते में भटकता देख पूछा
"कहाँ से आ रहे हैं?"
"पता नहीं।"

"कहाँ के रहने वाले हैं?"
"पता नहीं।"
"कब से यात्रा पर हैं?"
"पता नहीं।"
"कहाँ जाएँगे?"
"विश्वग्राम।"
"विश्वग्राम कहाँ है भाई?"
"पता नहीं।"

(13 जनवरी, 2002)

कोई नहीं, कोई नहीं

आहट हुई देखो जरा, कोई नहीं, कोई नहीं।
आना जिन्हें था, आ चुके गठरी सुखों की लादकर
कुछ द्वार से आए, कई दीवार ऊँची फाँदकर
लेकिन है कोई और ही जिसकी प्रतीक्षा है मुझे
यों ही गईं रातें कई मैं नींद-भर सोयी नहीं।

मेले यहाँ सजते रहे, हँसती रहीं रंगीनियाँ
सादी हँसी को गेह की, डसती रहीं रंगीनियाँ
बनते गए सब अजनबी पागल हवस की होड़ में
इक दर्द मेरे साथ था, मैं भीड़ में खोयी नहीं।

मेरे चमन की वास उसके घर गई, अच्छा लगा
उसके अजिर के अश्रु से मैं भर गई अच्छा लगा,
लेकिन चुभे जब खार अपने ही दुखों के देह में
आँसू उमड़ भीतर उठे, पर चुप रही रोयी नहीं।

(21 जुलाईं, 2007)

आ रे पंछी आ

सुबह-सुबह आँगन पुकारता
आ रे पंछी आ!
चावल के दाने बिखरे हैं, खा रे पंछी खा!

फूल मुस्कराकर करते किरणों की अगवानी
जाग उठा है घर का स्वर, गाता नल का पानी
उड़-उड़कर मेरे पेड़ों पर गा रे पंछी गा!

तू भी आ, तू भी आ, तू भी आ, तू भी प्यारे
घर का थोड़ा खा-पी ले ओ नभ के बनजारे
दाने काफी हैं लड़ते क्यों, ना रे पंछी ना!

लम्बे दिन के नभ अनंत में यात्रा तो करनी है
छोटे-छोटे पंखों से कितनी उड़ान भरनी है
बुला रही हैं दूर दिशाएँ, जा रे पंछी जा!

(6 जनवरी, 2008)

कल फिर सुबह नई होगी

दिन को ही हो गई रात-सी, लगता कालजयी होगी
कविता बोली—'मत उदास हो, कल फिर सुबह नई होगी।'

गली-गली कूड़ा बटोरता, देखी, बचपन बेचारा
टूटे हुए ख्वाब लादे, फिरता यौवन का बनजारा
कहीं बुढ़ापे की तनहाई, करती दई-दई होगी!

जलती हुई हवाएँ मार रही हैं चाँटे पर चाँटा
लेट गया है खेतों ऊपर यह जलता-सा सन्नाटा
फिर भी लगता है कि कहीं पर श्याम घटा उनई होगी!

सोया है दुर्गम भविष्य चट्टान सरीखा दूर तलक
जाना है उस पार मगर आँखें रुक जाती हैं थक-थक
खोजो यारो, सूने में भी कोई राह गई होगी!

टूटे तारों से हिलते हैं यहाँ-वहाँ रिश्ते-नाते
शब्द ठहर जाते सहसा इक-दूजे में आते-आते
फिर भी जाने क्यों लगता-कल धरती छंदमयी होगी!

(8 अगस्त, 2008)

नारी यातना पर कविता

वे बन्द कमरे में बैठे हुए
नारी-यातना पर कविता लिख रहे थे
जली सिगरेट के ठूँठ बिखरे थे
उनके दग्ध विचारों की तरह
संगिनी की तरह बगल में विराजमान थी सुरा सुन्दरी

दरवाजे पर दस्तक हो रही थी
पत्नी ने द्वार खोलकर देखा
एक औरत फटेहाल-सी खड़ी है
औरत है या मर्द की झड़ी है

"कौन हो तुम?" पत्नी ने पूछा
"मैं गाँव से आई हूँ

मुझे अपने उनसे मिलना है
जो मुझे अनाथ करके चले आए हैं''
कवि ने स्वर पहचान लिया
चिल्लाकर बोले

"यह कौन है प्रभा जो काँय-काँय किये जा रही है
भई, भगाओ उसे कुछ दे ओकर
मेरी कविता की लय टूट-टूट जा रही है।"

(1 अप्रैल, 2010)

अब वे चुप हैं

उनकी कविताएँ चुप थीं
वे अपनी कविताओं के लिए खुद ही बोलते थे
उनके व्यक्तिगत या सामूहिक कोलाहल में
वह अनुपस्थित था अपनी कविताओं के साथ

अब वे चुप हैं
उनकी कविताएँ तो चुप थीं ही
चुप तो वह भी हैं पहले जैसा
किन्तु उसकी कविताएँ बोल रही हैं

(18 मार्च, 2011)

मुझे पता है

मुझे पता है कि
साथ नहीं जाएँगी कविताएँ
नहीं जाएगा इनसे अर्जित यश
सब यहीं छूट जाएँगे
जब मैं अनंत यात्रा पर जाऊँगा
तो लोग कहते हैं
"फिर मैं क्यों लिखे जा रहा हूँ कविताएँ
जीवन के इस थके चरण में?"

पर मैं करूँ क्या
मैं तो जीवन को बेइंतहा प्यार करता हूँ
जब तक वह है
उसके एक-एक क्षण को मन से जीता रहूँगा
और कविता तो जीवन का प्यार है उसके बिना तो लगता है
वह मीठा रस दे या कड़वा
उसका सत्य मानकर पीता रहूँगा
जीवन खाली समय रह गया है।
जिसे विवश होकर बिताना है।

जब कविता भीतर गुनगुनाती है
यह शब्दों में उतर आती है
तब लगता है समय जीवन हो गया है।
एक महक-सी भर जाती है बाहर-भीतर
कमरे में ठहरे हुए क्षण-पंख फड़फड़ाने लगते हैं
पंछी गाने लगते हैं
मेरा अकेलापन स्पंदित हो उठता है अनेक लोक-स्वरों से

कितनी ही हँसियों और आँसुओं की आत्माएँ
मेरी आत्मा में समा जाती हैं
मेरी कविताएँ औरों को कुछ देती हैं या नहीं
इसे वे जानें
मेरे लिए तो वे मेरे होने की सार्थकता हैं।

(22 जून, 2011)

कविता मनुष्यता का राग है

"कविता मनुष्यता का राग है
वह हमें जोड़ती है शेष जगत से
कविता से जो कटा हुआ है, हतभाग्य है वह प्राणी"
कितनी बार सभाओं में बरसी है उनकी यह अमृत वाणी

आज उनके पड़ोस में
एक लड़के ने जहर पी लिया था
औरतें चीख-चिल्ला रही थीं।
घर का एकमात्र पुरुष कहीं बाहर गया हुआ था
इधर-उधर से जुट आए
कुछ मामूली हैसियत वाले अनजान से लोग
पास-पड़ोस के और लोग भी कुछ जागे
पर कविजी एक महान कार्य में व्यस्त दिख रहे थे।
यानी अपने कमरे में बन्द होकर
वे कोई महान कविता लिख रहे थे।

(2 अप्रैल, 2010)

वाणी विहार

प्रिय सुधाकर!
तुम नहीं रहे
लेकिन तुम अन्तर्व्याप्त हो इस बस्ती में
बाजार के कोलाहल से अलग
एक बस्ती बसानी चाही थी तुमने
जिसमें वाणी का पावन स्वर गूँजता रहे
तुम घूम-घूम कर बुलाते रहे वाणी-पुत्रों को
बस्ती बसी और वाणी-विहार हो गई
लेकिन यह क्या?
वाणी-पुत्र धीरे-धीरे छोड़ते गए विहार को
और उनकी जगह आते गए हाट-पुत्र
पीठ पर बाजार लादे हुए
धीरे-धीरे 'वाणी विहार'
'वणिक विहार' बनता चला गया
अब तो घर भी
दुकान की भाषा में बोलने लगे हैं

प्रिय सुधाकर!
क्या विडम्बना है कि
तुम्हारा घर भी बेच दिया गया
बाजार के हाथ
अब न आँगन रहा
न उसमें झूमते पेड़-पौधों की हँसी
न चिड़ियों की चहक
न वहाँ तैरता ऋतुओं का संगीत
अब वहाँ किताबों के पन्नों का नहीं

रंग-बिरंगे कपड़ों की सरसराहट हैं
अब वहाँ कवियों के मानवीय भाव स्वरों की
लहरियाँ नहीं गूँजतीं
अब तो वहाँ
लेन-देन वाली बाजारू बोलियों की
बज-बजाहट है।

आभारी हूँ कविते!

तुमने मुझे कितना कुछ दिया
मेरी कविते
जो बीत गया,
वह भी मुझमें जीवित है तुम्हारे सहारे
आज के जलते समय में भी
मेरा मन पा लेता है कोई घनी छाँह
और मनुष्यता के प्रति
मरता हुआ विश्वास
फिर-फिर जी उठता है

आज मौसमों ने भी
अपना स्वभाव बदल दिया है
उनकी आत्मीय छवियाँ
धूमिल हो गई हैं
और उनमें उग आई है
अनजानी-सी विरूपता
लेकिन तुमने मुझे

कल्पना की आँख दे रखी है
जो देख लेती है खोई हुई छवियों को
अब देखो, सावन सूखा-सूखा जा रहा है
निरभ्र नभ बरसा रहा है चिलचिलाती धूप
नल खौलता हुआ पानी फेंक रहे हैं
जड़-चेतन से टकरा रही हैं बेदर्द हवाएँ
गीत झरने वाले कंठों में सन्नाटा छाया है।
उद्विग्न होकर लोग कोस रहे हैं मौसम को
लेकिन मेरी कविते!
मैं तो तुममय होकर अनुभव कर रहा हूँ
दूसरा सावन-भादों
कमरे में बैठा हूँ रिमझिम बारिश हो रही है
लोग भीग रहे हैं
आदिगंत व्याप्त धानों की उन्मत्त फसल
अपनी हरीतिमा लुटा रही है
और झूम रही है, लहरा रही है पुरवा में
उसका उल्लास
गाँव की आँखों में सुखद भविष्य वनकर
दीप्त हो रहा है
पेड़ों के पत्तों पर गिरती हुई बूँदें
कोई आर्द्र गीत रच रही हैं
और कहीं पपीहा
पुकार रहा है 'पी कहाँ, पी कहाँ'
ओसारों में झूले पड़े हैं
वनिताओं के खुले केश लहरा रहे हैं...
हवाओं की तरह
उनके कंठों से फूटती हुई कजली धुन
बाहर निकल निकल कर नहा रही है।
रिमझिम फुहारों में

आभारी हूँ कविते
तुमने इस तप्त समय में भी
मुझे भिगो दिया भीतर तक
और मैं
गति-स्पंदित जीवन-राग की रचना के लिए
अपने को तैयार कर रहा हूँ।

(25 अगस्त, 2014)

वह चला गया चुपचाप

वह चुपचाप चला गया
किसी को नहीं बताया
यहाँ छूट गया है उसका साया
साया चुप है
लेकिन उसमें अंकित हैं कितनी ही लिपियाँ
जिनमें से झाँकते रहते हैं चेहरे
राग के, विराग के
पानी के आग के
हँसी के आँसू के
यहाँ के, वहाँ के
फूलों के, काँटों के
यहाँ के, वहाँ के
कल के, परसों के
जिनके साथ मेरी भी यात्राएँ होती रही हैं।
दरअसल इन सारे चेहरों में
उसी का तो चेहरा दीप्त होता लगता है।
और मुझे प्रतीत होता है

कि वह गया नहीं है
यहीं कहीं है
जिसे जब चाहे
आवाज देकर बुला लूँगा।

(6 अक्टूबर, 2016)

मैं तो यहाँ हूँ

मन्दिर में अपनी मुरादों के चीथड़े छोड़ कर
मैं अकेले बैठा था प्रभु-मूर्ति के सामने
और बातें कर रहा था सुख-दुख की
लेकिन मूर्ति जड़ बनी रही
ऊब कर मन्दिर से बाहर निकला तो देखा
चारों ओर पुष्पित खेत खिलखिला रहे थे
चहचहाती चिड़ियों का महारास मचा था
हवाएँ खुशबू में नहा रही थीं
और जड़-चेतन की त्वचा पर
स्पंदन की कथा लिख रही थीं।
पास बहती हुई नदी में
तरंगों का नर्तन और गान चल रहा था
लगता था
धरती और आकाश के बीच संवाद हो रहा है
प्रतीत हुआ
जैसे चारों ओर एक आवाज गूँज रही है
"अरे, मैं तो यहाँ हूँ, यहाँ हूँ, यहाँ हूँ।"

(8 नवम्बर, 2014)

अपना-अपना मन्दिर

धार्मिक त्योहार का दिन था
मन्दिर रोशनी में नहा रहा था
लोग चले जा रहे थे मन्दिर की ओर
दीप-दान के लिए
उसे अपने दरवाजे पर चुपचाप खड़ा देख
पड़ोसी सेठ ने पूछा
मन्दिर नहीं चलना है?
आऊँगा-आऊँगा आप चलें
सेठ चले गए
वह कुछ देर बाद निकला
और अँधेरे में डूबे एक घर की देहरी पर
चुपचाप एक दीप रख आया।

(20 अप्रैल, 2015)

प्यास

खड़ा हूँ नदी के किनारे प्यासा-प्यासा
जल के पास होकर भी जल नहीं पी पा रहा हूँ
मैने पूछा—
"तुमने अपने पानी का यह क्या रूप बना दिया है नदी?"
नदी दर्द से मुस्कराई, बोली
"मैंने क्या किया है आदमी
यह तो तुम्हारी ही गंदगी है
जो मुझमें झर-झर कर मुझे विषाक्त कर रही है

अब तो मैं भी अपना जल नहीं पी पाती
प्यासी-प्यासी बह रही हूँ।"

(25 मई, 2016)

कविता बोलने लगती है

जब मैं बोलता रहता हूँ
तब कविता चुप रहती है
जब मैं चुप हो जाता हूँ
तब कविता बोलने लगती है।

(30 जून, 2016)

कविता में उतर आते हैं

मेरा एक घर गाँव में है
एक घर शहर में
दोनों के बीच काफी लम्बी दूरी है
जिसमें फैले हुए हैं खेत-खलिहान, बाग-बगीचे, नदी-नाले
दोनों दो छोर पर हैं
लेकिन मेरे मन में
दोनों आपस में आते-जाते रहते हैं
बोलते-बतियाते रहते हैं
और चुपके से मेरी कविता में उतर आते हैं।

(7 अगस्त, 2016)

तू मुझे जानता है?

आज वह फिर
विद्वानों की सभा में वाणी-विजय करके लौटा था
और ज्ञान-विजय की एक लम्बी परम्परा
अद्‌भुत गर्व बन कर उसके भीतर लहरा रही थी
वह सोचने लगा
वह यह भी जानता है
वह भी जानता है
धरती और आकाश के बीच जो कुछ है
उसके ज्ञान में समाया हुआ है
तभी एक चमत्कार हुआ
एक छोटी-सी ज्योति मूर्ति
उसकी आँखों के आगे जगमग करने लगी
और उससे पूछा
"तू मुझे जानता है क्या रे?"
वह बोला—"अरे तुझे कभी देखा नहीं तो जानूँगा कैसे
मूर्ति हँसी, बोली—"मैं तेरी आत्मा हूँ रे मूर्ख"
और उसके भीतर समा गई।

(20 अगस्त, 2016)

कौन है तू?

कौन है तू?
प्रश्न सदियों से मुखर है
किन्तु साधे मौन है तू।

(15 सितम्बर, 2016)

केवल मैं

कल जब तुम अपने पाँव खड़ा होने का प्रयत्न कर रहे थे
तब तुम्हारे साथ
केवल मैं था
जब तुम चलने लगे
तब धीरे-धीरे बहुत से लोग
तुम्हारे साथ हो गए झुंड बाँध कर
और मैं तुम्हारी याद से गायब हो गया
आज मैं फिर उस किसी के साथ हो गया हूँ
जो खड़ा होने की कोशिश कर रहा है।

(3 अक्टूबर, 2016)

उन्होंने कहा

उन्होंने कहा
आपको शरम नहीं आती
बूढ़े हुए
किन्तु बात-बात में हँसते-चहकते रहते हैं
नादान बच्चों की तरह
मुझे हँसी आ गई
और कहा
आप ठीक कह रहे हैं श्रीमान्
मेरे भीतर एक बच्चा है
जो मुझे बूढ़ा नहीं होने देता

शरम तो आपको आनी चाहिए
कि जवानी में ही बूढ़े हो गए हैं
हँसना-खिलखिलाना छोड़ कर
न जाने उदासी की किस दुनिया
में खो गए हैं।

(4 अक्टूबर, 2016)

मर्यादा के नाम पर

वह
माता-पिता की लाडली बेटी है।
भाइयों की स्नेहमयी बहना है
विवाहोपरान्त
पति की प्रिय अप्रिय पत्नी है
सास-ससुर की भली-बुरी बहू है
पड़ोसियों की भाभी-चाची है
फिर बच्चों की माँ है
किन्तु उसकी निजी पहचान क्या है?
वह कभी-कभी प्राप्त होने वाले
फुरसत के क्षणों में सोचती है
उसने अपना जीवन कहाँ जिया
वह तो दूसरों के लिए जीती रही
मर्यादा के नाम पर
जो भी विष दिया जाता रहा उसे पीती रही।

(10 अक्टूबर, 2016)

रात सपने में

रात सपने में मेरे पास
भयानक चेहरे वाला एक व्यक्ति आया
उसका चेहरा मेरे पहचाने हुए
एक क्रूर तानाशाह से मिलता-जुलता था
उसने तेज स्वर में मुझसे कहा
"तुम मेरे खिलाफ कविता क्यों लिखते हो?"
मैं कुछ कहूँ उससे पूर्व वह पागल हाथी बन गया
मैं डर कर भागा
गली-गली भागता रहा
और वह पीछा करता रहा
वह कभी आदमी बना रहता
कभी हाथी बन जाता
कभी घोड़ा बन जाता
भागकर मैं पास के घने जंगल में समा गया
पतले-पतले रास्तों से मैं भागता रहा
ज्यों ही जंगल के बाहर निकला
वह कुछ दूर सामने खड़ा दिखाई दिया
मैं भयभीत-सा खड़ा था कि
एक आवाज आई
"डरो नहीं, उससे लड़ो
हम तुम्हारे साथ हैं"
देखते-देखते ढेर सारे लोग खड़े हो गए
और उस पर टूट पड़े
वह ढेर हो गया

भीड़ का मुखियानुमा व्यक्ति बोला
"ये कविता से नहीं मरते

इन्हें समूह में होकर मारना पड़ता है"
मैंने कहा—"हाँ, लेकिन
यह उद्विग्न तो कविता से ही हुआ था न!"

बाजार

दाल-रोटी खा कर
दोपहर को चैन से सोया था कि
जोर-जोर से द्वार-बेल बजने लगी
दरवाजे पर गया तो देखा
एक विशाल बेडौल आकार
अपने ऊपर रंग-बिरंगे
सामान लादे खड़ा है
"कौन हो तुम?" मैंने पूछा।
"अरे तुम मुझे नहीं पहचानते
बाजार हूँ" उसने मुस्कुरा कर कहा
"तो यहाँ क्या करने आए हो
देखते नहीं यह घर है?"
"अरे, मैं स्वयं तुम्हारे घर के लिए
नए-नए जरूरी सामान लेकर आया हूँ"
"पर मैं तो इनमें से
किसी को पहचानता नहीं!"
"अरे भाई, समय के बदलाव के साथ
जरूरतें बदलती रहती हैं
मैं नई जरूरी वस्तुएँ लिये
स्वयं घर-घर घूम रहा हूँ।"
"तो बाजार जी, यहाँ शोर न कीजिए

आप बाजार में ही जाकर बैठिए
घर को घर रहने दीजिए
वह स्वयं जरूरी वस्तुएँ लेने के लिए
आपके पास पहुँच जाएगा।"

(08.04.2007)

शिखर

इतना इतरा क्यों रहे हैं
माना कि आप बड़े शिखर हैं।
लेकिन आस-पास जो
अनेक छोटे-छोटे शिखर
फैले हुए हैं, उनकी
अहमियत कम तो नहीं!
वे हैं इसलिए आप बड़े हैं
आप उन्हीं के सामूहिक बल पर
तन कर खड़े हैं।

(17.04.2017)

वह कौन था

मैं नहीं जानता वह कौन था
किंतु वह प्रखर आलोचक-सा चेहरा बनाये हुए
मंच से बोल रहा था साहित्य की एक विधा पर

"खेद की बात है कि हिन्दी में यह विधा पिछड़ी हुई है
हिन्दी में यह नहीं है, वह नहीं है"
वह एक जमात में चर्चित
दो-चार पुस्तकों पर ही टिका हुआ था
श्रोताओं में से कोई चिल्लाकर बोला
"विद्वान महोदय,
आप हिन्दी पर चाहे जितने आरोप मढ़ लीजिए
लेकिन मेरा सुझाव है कि
बोलने से पहले थोड़ा पढ़ लिया कीजिए ।"

(28.04.2017)

मुर्गा बोले न बोले

कविता कविता होती है तो खुद ही बोलती है
आलोचक मुँह खोले या न खोले
सुबह तो सुबह है वह तो आती ही है
मुर्गा बोले या न बोले।

(15.06.2017)

आदत

तुमने उससे उपहास के स्वर में कहा
तुम्हारी आदत बन गई है कि
घर में बैठे-बैठे कुछ न कुछ रोज लिखते हो

"हाँ बन्धु" उसने गम्भीर स्वर में कहा
"आदत ही तो है कि
अपनी नौकरी के दफ्तर से निकल-निकल कर
किसी अखबार या पत्रिका के कार्यालय
या किसी आलोचक के घर का
चक्कर लगाते हुए तुम लोगों को रोज दिखते हो।

(26.06.2017)

उसे क्या मिला

जनवादी कवि हूँ
जन के लिए लिखता हूँ
इसलिए उसके पास जाता रहता हूँ
जाड़े की दोपहर थी
एक बूढ़ा सिर पर अमरूद की टोकरी उठाये
काँपते स्वर में आवाज दे रहा था
"अमरूद ले लो, अमरूद ले लो"
वह थक कर मेरे दरवाजे के पास बैठ गया
मैंने असली जन को देखा
उसके पास पहुँच कर कहा
"बाबा जरा अपना तराजू उठा लो
"उसने तराजू उठा कर पूछा
"कितना तौल दूँ बाबू?"
"नहीं नहीं, मुझे अमरूद नहीं लेने हैं"
"तो?"
"आपकी फोटो लेनी है"
"उससे मेरा क्या होगा?"

"अरे आप पर लिखी मेरी कविता के साथ
आपकी फोटो छपेगी अखबार में"
"उससे मेरा पेट भरेगा क्या?"
वह उठा और आगे चल दिया

अमरूद ले लो आवाज जगाता हुआ
मेरी कविता के साथ उसकी फोटो छपी थी अखबार में
मुझे प्रसिद्ध मिली और पैसा भी
प्रसन्न बैठा था कि लगा कि वह पूछ रहा है—
"मुझे क्या मिला?"
उसकी आवाज दूर तक गूँजती चली गई।

गाँव रहा

कविता का घना प्रभाव रहा
पैसे का सदा अभाव रहा
रहने को रहा शहर में वह
पर उसमें उसका गाँव रहा।

(07.03.2018)

कवि का घर

गेंदे के बड़े-बड़े जीवंत फूल
बेरहमी से तोड़ लिये गए

और बाजार में आकर बिकने लगे
बाजार से खरीदे जाकर वे
पत्थर के चरणों पर चढ़ा दिये गए
फिर फेंक दिये गए कूड़े की तरह
मैं दर्द से भर आया
और उनकी पंखड़ियाँ रोप दी
अपनी आँगन-वाटिका की मिट्टी में
अब वे लाल-लाल, पीले-पीले बड़े-बड़े फूल बनकर
दहक रहे हैं
मैं उनके बीच बैठकर उनसे संवाद करता हूँ।
वे अपनी सुगंध और रंगों की भाषा में
मुझे वसंत का गीत सुनाते हैं
और मैं उनसे कहता हूँ
"जियो मित्रो
पूरा जीवन, जियो उल्लास के साथ
अब न यहाँ बाजार आएगा
और न पत्थर के देवता पर तुम्हें चढ़ाने के लिए धर्म
यह कवि का घर है।

(29.03.2019)

कुछ ग़ज़लें

1

बाज़ार को निकले हैं लोग बेच के घर को
क्या हो गया है जाने आज़ मेरे शहर को

कितने हैं मेहरबान यहाँ के बहेलिए
कहते हैं परिंदों से—'उड़ो' काट के पर को

गीला है कहीं सुबह की खुशियों का कहकहा
चुप-चुप कोई रोया है रात पिछले पहर को

चूल्हों में है बुझी हुई जलती है जिगर में
कैसी अजीब आग मिली ज़िन्दगी भर को

ठहरी हुई है भीड़ एक ऊबती हुई
लगता है कोई रहनुमा निकला है सफ़र को

चेहरों में कई चेहरे दिखाई मुझे देते
यह कौन-सी नज़र है लगी मेरी नज़र को

कहते हैं वे कि रुकिए नहीं, चलते जाइए
चलते तो हम हैं, चल के मगर जाएँ किधर को

2

रास्तों के लैंप टूटे, तार सारे कट गए
जोड़ने वाले हमें, सारे सहारे कट गए

देश ध्यानी बन गया, यह मेहरबानी आपकी
कान से आवाज़, नज़रों से नज़ारे कट गए

इस तरह कुहरा उठाया आपने सुख-शान्ति का
फूल धरती से कटे, नभ से सितारे कट गए

बजबजाता फेन बनकर रह गए ठहरे हुए
आपने चाहा तो धारा से किनारे कट गए

ठहरिए, अब और मत हँसिए न जाने क्या है यह
खुद से हम कब के बिना सोचे-विचारे कट गए

(14 मई, 1983)

3

हाथ कुछ आया न, तू फसलें उगाता रह गया
चर गए पशु खेत, तू पंछी उड़ाता रह गया

देश तलघर में सुलाकर देश वे बनते गए
और तू पागल वतन के गीत गाता रह गया

झूठ रेखाएँ बना फिर वृत्त-सा बनता गया
और सच का बिन्दु खुद में थरथराता रह गया

घाटियाँ मैदान जंगल जल रहे सब आग में
और अपने जल में बादल खुद नहाता रह गया

दोपहर को ही उजाला पी गया सूरज स्वयं
रोज़ कोई शाम को दीपक जलाता रह गया

बसें, कारें, गाड़ियाँ गुज़री, गुज़रती ही गईं
रास्ते पर तू खड़ा बाँहें उठाता रह गया

छूरियाँ मानव-लहू की प्यास में जलती गईं
तेरी आँखों बीच आँसू झलझलाता रह गया

(27 मई, 1983)

4

थक गए हैं महफिलों के जाम, आओ घर चलें
सो गई है रात बन कर शाम, आओ घर चलें

इश्तहारों को रहें पढ़ते भला कब तक यहाँ
चिट्ठियाँ होंगी हमारे नाम, आओ घर चलें

बिजलियों की रात में खोते गए अपनी शकल
याद आया है सुबह का घाम, आओ घर चलें

कोई आँसू, हँसी कोई, कुछ तो अपने नाम हो
जी लिये अब तक बहुत गुमनाम, आओ घर चलें

दूसरों के ख़्वाब को अपना समझ सोते रहे
पड़ा होगा ढेर सारा काम, आओ घर चलें

ढूँढ़ता ही रह गया मन आशियाँ बाज़ार में
थक गया अब चाहिए आराम, आओ घर चलें

राजधानी में अमन का राग देखो उठ रहा
क्या हुआ होगा वहाँ हे राम, आओ घर चलें

(12 सितम्बर, 1983)

5

बनाया है मैंने ये घर धीरे-धीरे
खुले मेरे ख़्वाबों के पर धीरे-धीरे

किसी को गिराया न ख़ुद को उछाला
कटा ज़िन्दगी का सफ़र धीरे-धीरे

जहाँ आप पहुँचे छलाँगें लगा कर
वहाँ मैं भी पहुँचा मगर धीरे-धीरे

पहाड़ों की कोई चुनौती नहीं थी
उठाता गया यों ही सर धीरे-धीरे

गिरा मैं कहीं तो अकेले में रोया
गया दर्द से घाव भर धीरे-धीरे

ज़मीं खेत की साथ लेकर चला था
उगा उसमें कोई शहर धीरे-धीरे

न रोकर, न हँसकर किसी में उड़ेला
पिया ख़ुद ही अपना ज़हर धीरे-धीरे

मिला क्या न मुझको, ऐ दुनिया तुम्हारी
मुहब्बत मिली है अगर धीरे-धीरे

(1 सितम्बर, 1995)

6

बहारों का अपनी ये मंज़र तो देखो
चमन में ये पेड़ों के पंजर तो देखो

फ़सल लहलहाती है शीशों के अन्दर
उगे पास खेतों में बंजर तो देखो

हुआ क्या कि हर साँस सहमी हुई है
हवाओं के हाथों में खंजर तो देखो

तुम्हारी चमक से हुए रेत हम तो
ये आँखों में उमड़े समंदर तो देखो

विजय ही विजय हँस रही है तुम्हारी
मगर रो रहा कोई अन्दर तो देखो

(20 अगस्त, 1987)

7

लाठियाँ चाकू तमंचे गोलियाँ
खेलते हैं सियासत से होलियाँ

बेटियाँ तहज़ीब की सहमी हुई
लूट ले कब कौन उनकी डोलियाँ

हैं खुले पन्ने किताबों के मगर
आज क्यों ख़ामोश उनकी बोलियाँ

यह नगर है महाप्रभुओं का नगर
रात-दिन सजती यहाँ रंगोलियाँ

नाबदानों से छिटक कर उग रहीं
दूर इनसे आदमी की खोलियाँ

ये लहरते हुए झंडे हैं बने
फाड़ फ़सलों की तुम्हारी चोलियाँ

अब सँभालो गाँव से लाये हो जो
साथ अपने धूल-धूसर झोलियाँ

मत अकेले यों फिरो खो जाओगे
दर्द के मारो, बना लो टोलियाँ

(20 फरवरी, 1995)

8

कि जब उनसे हम रास्ता पूछते हैं
वे घर का हमारे पता पूछते हैं

वे मिलते हैं हम पूछते हैं तबीयत
वे हमसे हमारी ख़ता पूछते हैं

कोई जख़्म आया जो भरने की ख़ातिर
तो वे जख़्म की दास्ताँ पूछते हैं

जो ग़म बन गया उसका, आँसू हमारा
तो दोनों का वे वास्ता पूछते हैं

चुरा कर हमारी ग़ज़ल वे हमीं से
'बनी कैसी है ये बता' पूछते हैं

(2 मई, 1995)

9

देख ली दुनिया, तुम्हारी मेहरबानी देख ली
तुमने दी थी ओ ख़ुदा, वह ज़िन्दगानी देख ली

फूल से बचपन के सिर देखा बुढ़ापे का पहाड़ से
आँसुओं की आँच में गलती जवानी देख ली

पत्थरों में बन्द हो तालाब तो हँसता रहा
ठोकरें खाती नदी, तेरी रवानी देख ली

बदलते चेहरे रहे, बदली न भीतर की गुफा
यह नुमाइश है, नई देखी, पुरानी देख ली

चीखती लपटें अचानक सामने उठने लगीं
जब किसी घर में कोई लड़की सयानी देख ली

पाँव के नीचे ज़मीं से गुलिस्ताँ खिलते रहे
लदी पत्थर-सी ऊँचाई आसमानी देख ली

माँ ने बचपन में सुनाया जिसको लोरी की तरह
अब हक़ीक़त में वो जंगल की कहानी देख ली

मुस्कराती रहीं आँखें महफ़िलों में बेपनाह
हँसी के परदे में अश्कों की निशानी देख ली

एक नन्हा ख़्वाब मेरा खो गया जाने कहाँ
गाँव देखा, शहर देखा, राजधानी देख ली

(20 दिसम्बर, 1995)

10

आइए, आइए, कैसे आना हुआ
आज तो धन्य यह आशियाना हुआ

बाद मुद्दत के हम कैसे याद आ गए
एक हकीकत-सा कैसे फ़साना हुआ

खोयी नज़रों से क्या देखते हैं उधर
माँ को गुज़रे हुए तो ज़माना हुआ

एक भाई था, हाँ एक भाई था, वो
भूख की मार खा-खा सयाना हुआ

एक बहना थी, हाँ थी, मगर अब नहीं
क्या बताऊँ कि क्यों उसका जाना हुआ

एक गायक था, हाँ अब भी गाता है वो
कोई सुनता नहीं है, दिवाना हुआ

जी हाँ, जी हाँ वहाँ एक चौपाल थी
देखिए अब वहाँ कारखाना हुआ

आप अपनी नई दास्ताँ छेड़िए
अब तो क़िस्सा यहाँ का पुराना हुआ

(31 दिसम्बर, 1985)

11

जिगर से बात करेगी ज़ुबाँ कहीं न कहीं
मिलेगा कल ज़मीं से आसमाँ कहीं न कहीं

लगी है आग दश्त में हैं परिंदे बेचैन
बनेगा फिर भी उनका आशियाँ कहीं न कहीं

लिखी है सबके आँसुओं में डुबो कर खुद को
सुनेगा कल वो मेरी दास्ताँ कहीं न कहीं

रहूँगा मैं न मेरे कहकहे न दिन, फिर भी
मिलेगा दर्द में मेरा निशाँ कहीं न कहीं

भटक रहे हैं लोग रात को बयाबाँ में
दिखेगी राह में कोई शमाँ कहीं न कहीं

कहाँ से मरु में आ गई ये छाँह पंछी-सी
शजर-सा होगा कोई मेहरबाँ कहीं न कहीं

जहाँ से डर के भागता है कहाँ तू पागल
इसी में होगा तेरा भी जहाँ कहीं न कहीं।

(22 जुलाई, 2002)

12

फिर सुबह आई अँधेरे की कहानी की तरह
फिर गिरा अख़बार जख़्मी ज़िन्दगानी की तरह

फिर लगीं ख़बरें बिखरने कटे पंखों-सी तमाम
हर सफ़ेद पर ख़ून फैला हुआ पानी की तरह

चीख उठती हर सतर से क़त्ल की व्यभिचार की
है गई बदबू सजाई फूलदानी की तरह

जल रहे हैं गाँव, कस्बे, शहर देश-विदेश के
नाचतीं आकाश में लपटें भवानी की तरह

पेड़ हैं ख़ामोश लगते परिंदे सहमे हुए
धूप हँसती है निशा की मेहरबानी की तरह

खोज में रोटी की फिर निकले हैं डगमग से क़दम
पीठ लगती है किसी टूटी कमानी की तरह

रात रग-रग में अभी भी लग रही है रेंगती
आँख टूटे ख़्वाब की घायल निशानी की तरह

सत्य है दुबका कहीं पर आदिवासी गाँव-सा
झूठ हँसता-खिलखिलाता राजधानी की तरह।

(11 दिसम्बर, 2003)

13

राहें दिखा रहा था पर रहबर नहीं हुआ
चलता रहा था साथ वो सहचर नहीं हुआ

कितने मकान आए गए इस सफ़र के बीच
लेकिन कोई मकान मेरा घर नहीं हुआ

कैसी बहार आई कि उसके वजूद में
मन भीग-भीग कर भी तरबतर नहीं हुआ

सहमा-सा रहा भीड़ में बाज़ार की, मगर
सुनसान अँधेरों में कोई डर नहीं हुआ

नदियाँ हैं भगी जा रहीं गाती मिलन के गीत
मन सोचता है क्यों मैं समुंदर नहीं हुआ

पत्थर तो हज़ारों ही मिले राह में लड़ते
इनमें से कोई मील का पत्थर नहीं हुआ

चाहा उन्होंने बार-बार मैं नहीं रहूँ
पर मैं अभी भी खेल से बाहर नहीं हुआ

होने को तो हो सकता था क्या-क्या नहीं मालूम
कुछ आपकी कुछ उनकी दुआ, पर नहीं हुआ

आ-आ के हँस रहा है मेरे खेत में शहर
पर शुक्र है कि वो अभी बंजर नहीं हुआ

करने को क़त्ल उनकी इनायत ही बहुत है
अच्छा है उनके हाथ में खंजर नहीं हुआ

है शुक्र ख़ुदा का कि मुझे रास्ते मिले
कितनों को रास्ता भी मयस्सर नहीं हुआ।

(29 दिसम्बर, 2003)

14

गाल पर ढलका हुआ एक दर्द का मोती है माँ
घोर अँधियारे में जलती प्यार की ज्योती है माँ

होंठ उसके, उसकी आँखें हैं भला उसके कहाँ
घर के सुख-दुख में समाकर हँसती है, रोती है माँ

बारी-बारी छोड़ जाते साथ हैं जब हमसफ़र
मेरी रग-रग में दुआ-सी तैरती होती है माँ

भूख-बीमारी, तबाही सोखते रहते हैं, रस
ख़्वाब फिर-फिर घर की बंजर भूमि में बोती है माँ

दहशतें आ जाएँ आँखों में न बच्चों की कहीं
रात भर सोती हुई-सी भी कहाँ सोती है माँ

भागती सुबहें, बहुत बेचैन दिन, शामें थकीं
भग्न रातें शीश पर सदा अपने सदा ढोती है माँ

दाग़ कितने ही लगा बाहर से घर आते हैं लोग
आँच में ख़ुद को गला कर के उन्हें धोती है माँ

जलती रहती है अँगीठी-सा रसोई घर के बीच
दे के पूरी ज़िन्दगी कुछ भी कहाँ खोती है माँ।

(26 जनवरी, 2003)

15

एक सन्नाटा बिछा है और मैं हूँ
वक्त जैसे आ थमा है और मैं हूँ

एक हल्की-सी रवानी है नदी की
डरी-सहमी-सी हवा है और मैं हूँ

गूँजते से प्रश्न हैं ख़ोमोशियों में
"ज़िन्दगी का अर्थ क्या है?" और मैं हूँ

एक लम्बा रास्ता पीछे पड़ा है
उसपे मेरा ही निशाँ है और मैं हूँ

बीत यों ही-सा गया यह आज का दिन
शाम का उठता धुआँ है और मैं हूँ

लिख दिया है दर्द जाने नाम किसके
इक लिफ़ाफ़ा बेपता है और मैं हूँ।

(17 जून, 2004)

16

आज धरती पर झुका आकाश तो अच्छा लगा
सिर किये ऊँचा खड़ी है घास तो अच्छा लगा

आज फिर लौटा सलामत राम कोई अवध में
हो गया पूरा कड़ा वनवास तो अच्छा लगा

था पढ़ाया माँज कर बरतन घरों में रात-दिन
हो गया बुधिया का बेटा पास तो अच्छा लगा

लोग यों तो रोज़ ही आते रहे, आते रहे
आज लेकिन आप आए पास तो अच्छा लगा

क़त्ल, चोरी, रहजनी व्यभिचार से दिन थे मुखर
चुप रहा कुछ आज का दिन ख़ास तो अच्छा लगा

ख़ून से लथपथ हवाएँ ख़ौफ़-सी उड़ती रहीं
आँसुओं से नम मिली वातास तो अच्छा लगा

है नहीं कुछ और बस इंसान तो इंसान है
है जगा यह आप में अहसास तो अच्छा लगा

हँसी हँसते हाट की इन मरमरी महलों के बीच
हँस रहा घर-सा कोई आवास तो अच्छा लगा

रात कितनी भी घनी हो सुबह आएगी ज़रूर
लौट आया आपका विश्वास तो अच्छा लगा

आ गया हूँ बाद मुद्दत के शहर से गाँव में
आज देखा चाँदनी का हास तो अच्छा लगा

दोस्तों की दाद तो मिलती ही रहती है सदा
आज दुश्मन ने कहा—शाबाश तो अच्छा लगा।

कुछ मुक्तक

इस भरी बज़्म में आज क्या हो गया
राज़े दिल आपका यों अयाँ हो गया
आपका है नहीं, दोष नज़रों का है
आप ख़ामोश थे पर बयाँ हो गया

छाई हुई हैं रंगतें महफ़िल की आजकल
राहों के बिना चाहते मंज़िल की आजकल
बाज़ार से होती है अब लोगों की गुफ़्तगू
सुनता नहीं है कोई सदा दिल की आजकल

एक लम्बा सफ़र था मेरे दोस्तों, राह चलती रही मोड़ खाती हुई
साथ हो ली हवा आग बन के कभी 'औ' कभी प्यार से महमहाती हुई
कंटकों ने किये चाक जब भी वसन, छा गए फूल बनकर वसन देह पर
थक के बैठा जभी मौत के पास मैं आ गई ज़िन्दगी गुनगुनाती हुई

थरथरी-सी हो रही रह-रह मुझे होता है क्या
पास के घर में किसी चुपचुप कोई रोता है क्या
उड़ रहे हैं ख़्वाब टूटे चीथड़ों से सामने
चलो देखें पास में शिल्पी कोई सोता है क्या
रात की नींद दिन की रवानी है तू
तू ही कविता है मेरी कहानी है तू
तू ही सुख में मेरे तू ही दुख में मेरे
गोया मेरी भरी ज़िन्दगानी है तू

हास होंठों का, आँखों का पाना है तू
दिन में चूल्हे की लौ, रातरानी है तू

हमकदम है दिवस की कठिन राह में
रात सपनों की दुनिया सुहानी है तू

माँ के मन में समाई हुई बेटियाँ
घर में ख़ुशबू-सी छाई हुई बेटियाँ
चैन बापू के, बीरन के उद्वेग में
हाय, इक दिन पराई हुई बेटियाँ

लौट मैके में आई हुई बेटियाँ
रोशनी, रोशनाई हुई बेटियाँ
कुछ के चेहरे उदासी में डूबे हुए।
कुछ ख़ुशी में नहाई हुई बेटियाँ

साथ ही घर की ख़ुशी की मूर्तियाँ गढ़ते रहे
धीरे-धीरे ज़िन्दगी की सीढ़ियाँ चढ़ते रहे
मौन थी भाषा हमारे प्रेम की, लेकिन सदा
एक-दूजे के दृगों में ख़ुद को हम पढ़ते रहे

ज़िन्दगी भी क्या कि अपनों में अकेली हो गई
कोई अनजानी मिली उसकी सहेली हो गई
खुल गए उत्तर सहज ही कठिन मसलों के
कभी बात छोटी-सी कभी मुश्किल पहेली हो गई।

अच्छे बुरे का ढेर है चुनिये कि न चुनिये
औरों की हँसी के लिए गुनिये कि न गुनिये
पर भर के अपने स्वर में ज़माने के लिए ख़्वाब
गाता रहूँगा गीत मैं सुनिये कि न सुनिये।

एक छोटा ही सही घर पर क़िला-सा बन गया
लग रहा है खार कोई गुल खिला-सा बन गया

भटकते फिरते थे पग थे सोचते जाएँ कहाँ
अब कहीं पर लौटने का सिलसिला-सा बन गया।

आदमी हूँ मैं कोई झंडा नहीं हूँ
मैं किसी भी वाद का डंडा नहीं हूँ
मैं नदी के साथ हूँ तिरता रहूँगा
मैं किसी भी घाट का पंडा नहीं हूँ।

मुक्त मन है वह किसी भी चाल का आदी नहीं है
है नशा उसमें अदब का किन्तु उन्मादी नहीं है
विचारक है पर बँधा है नहीं खूँटे से किसी भी
वह प्रगतिमय है खरा लेकिन प्रगतिवादी नहीं है।

आपकी रचना किसी मत की बनी थैली हुई है
कुछ न औरों को समझना आपकी शैली हुई है
किन्तु वह तो खुले मन से लोकहित रचता रहा है
देखिए उसके सृजन से ज़िन्दगी फैली हुई है।

✪✪✪